LIMPIEZA ESPIRITUAL

Secretos de la limpieza del alma de los que nadie habla y cómo limpiar la energía negativa de tu casa en 7 días

ANGELA GRACE

Ascending Vibrations

TABLA DE CONTENIDO

MEDITACIÓN GUIADA
ADICIONAL (EN INGLÉS)

¿No sería agradable tener incluso más motivación, inspiración y coraje en tu camino espiritual? Para agradecerte sinceramente desde el fondo de mi corazón, puedes reclamar tu meditación guiada de 10 minutos de Sanación Energética descargable en Mp3 a continuación.

¿Quieres liberar la toxicidad en tu interior y realinearte con tu verdadera energía?

- MANTENTE FIRME, di que no y establece límites siendo dueño de tu poder y energía únicos

- Conviértete en un imán para otras energías de alta vibración

- Protégete de aquellos en tu vida que tienen desequilibrios energéticos y están bajando tu vibración

Ve a este enlace para obtener tu meditación guiada de Sanación Energética de 10 minutos: **bit.ly/energyhealingfree**

INTRODUCCIÓN

¿Quieres limpiar tu casa y tu alma de cualquier energía negativa, elevando tu espíritu y rejuveneciendo tus sentidos? Puede ser duro recurrir a tu casa como refugio seguro, sólo para experimentar un drenaje de energía y una agonía constante. Te mereces purificar la atmósfera, permitiéndote sentirte increíble todo el tiempo en un ambiente inspirador y acogedor. No hay lugar para la energía obstruida, los espíritus negativos y el desorden.

En este libro, descubrirás cómo deshacerte del mal de ojo y levantar cualquier maldición o maleficio del que hayas sido víctima. Desgraciadamente, hay muchas fuerzas que desean hacerte daño. No debes permitírselos; en cambio, necesitas construir un campo de fuerza de defensa a tu alrededor, para que seas inmune a tales amenazas. Hay instrucciones, rituales y rutinas fáciles de seguir que puedes realizar para mejorar tu capacidad de mantenerte alejado de entidades negativas, espíritus terrestres y fantasmas.

Tanto si te acabas de mudar a una nueva casa y quieres deshacerte de la energía del anterior inquilino, como si quieres empezar de cero, te mostraré el camino para conseguir tus objetivos. Te guiaré paso a paso para que comprendas plenamente a qué te enfrentas. Sólo sabiendo quién es el enemigo podrás estar a la altura del desafío y enfrentarte a él. ¿Cómo se siente una maldición? ¿Cómo puedes saber que has sido víctima del mal de ojo? ¿Por qué la gente siente celos de ti y cómo puedes blindarte?

Aprenderás más sobre el aura y sus distintas y coloridas capas. Este es uno de los principales medios de protección para ti.

Se ha demostrado científicamente que el aura existe, como parte de tu entidad. De hecho, te rodea con una poderosa fuente de energía. En este libro, verás cómo elevar tu campo electromagnético y atraer felicidad y prosperidad, en lugar de sentimientos de tristeza y desesperación. Podrás abrir tus canales espirituales y expandir tu aura, absorbiendo la energía negativa y evitando los vampiros psíquicos y otras entidades que te distraen de tu propósito superior en la vida.

Más que eso, vas a aprender a proteger tu hogar de cualquier energía negativa. Hay entidades hostiles, energías negativas, huéspedes no invitados, fantasmas e incluso implantes extraterrestres con los que debes enfrentarte. Esto es de suma importancia, ya que debes sentirte seguro y cómodo dentro de tu espacio personal. Cuando alguien compromete esa sensación de seguridad, todo tu mundo se desmorona. Utilizando ingredientes sencillos y técnicas efectivas que puedes usar en casa, puedes aspirar toda la mala energía y crear un ambiente edificante, donde puedas ser feliz y prosperar.

Ponte en contacto con tus vidas pasadas, ya que pueden ser de suma importancia para ti. Al conectar con ellas y aceptarlas sin juzgarlas, puedes hacer algo que la mayoría de la gente nunca tendría la oportunidad de hacer. Estas vidas pasadas forman parte de lo que eres, pero no te definen por completo. Si has sufrido un trauma en una vida pasada, puedes viajar en el tiempo y conocer más detalles al respecto. De este modo, podrás aceptar la realidad y resolver ese interminable enigma con el que has estado lidiando. En lugar de arremolinarse en el mismo vórtice una y otra vez, podrás suspirar aliviado y prepararte para seguir adelante con tu vida actual. Por el contrario, te darás cuenta de que puedes cambiar tu rumbo y alcanzar niveles más altos de divinidad en esta vida.

Este libro también te ayudará a aprovechar al máximo tus niveles de energía interior. Limpia tus chakras, asegurando que tu energía fluya sin interrupciones. No querrás ver ninguna energía obstruida, ya que esto significaría que hay algo malo en ti y en tu cuerpo. Utiliza técnicas modernas que puedan energizar tu cuerpo, permitiéndote vibrar a una frecuencia más alta que promueva sentimientos positivos. Benefíciate de las meditaciones guiadas que se dirigen a estos aspectos específicos de tu ser. Acostúmbrate a técnicas como TRE, EFT tapping y Qi Jong para promover tu bienestar.

Por último, consigue limpiar tu casa de malas vibraciones en sólo 7 días. Una semana es más que suficiente para cambiar tu vida. Tendrás la oportunidad de limpiar tu espacio personal y mantener todas esas entidades peligrosas y negativas fuera de tu alcance. Tampoco se necesita mucho tiempo para obtener estos resultados. Utilizando el poder de los arcángeles, tus ángeles de la guarda y tus guías espirituales, destierra cualquier espíritu o entidad negativa, junto con la energía estancada que te ha estado arrastrando. ¡Te mereces mucho más que eso!

MI PROPIO VIAJE

Permíteme contarte algunas cosas sobre mí y cómo llegué a involucrarme en la espiritualidad. En mi vida, siempre he sentido curiosidad por explorar lo desconocido. De niña, solía hacer muchas preguntas y profundizar para obtener respuestas que me hicieran sentir segura. Al crecer en un entorno increíblemente cariñoso, tuve fui bendecida con la experiencia de la felicidad y la creatividad, la esperanza y el optimismo para el futuro. Mi mundo estaba preparado para desplegarse ante mis ojos, abriendo un sinfín de oportunidades.

Cuando me mudé y me metí en un apartamento lejos del lugar

donde me había criado, todo eso desapareció de repente. Mi mundo carecía de equilibrio y me culpaba de ello. Pensaba que yo era la responsable de todas las turbulencias que experimentaba. Cada vez que entraba en mi casa, en el mismo momento en que atravesaba el umbral, me sentía agotada. Parecía que mi espíritu interior me había abandonado. Ya no tenía ganas de crear, de maravillarme, de investigar y de ampliar mis horizontes. Lo único que quería era acurrucarme en el sofá y ver la televisión hasta quedarme dormida.

Sin embargo, ni siquiera podía encontrar paz y descanso durante el sueño. Era una pesadilla interminable para mí. A veces me sentía aletargada, pero no me dormía hasta la madrugada. E incluso cuando lo hacía, me despertaba con la misma sensación de agotamiento de energía. ¿Has estado alguna vez en una situación en la que sabes que quieres algo y, sin embargo, nunca puedes conseguirlo? Yo me encontraba en un escollo y no sabía cómo salir de este lío. Todo quedaba en suspenso, ya que no podía dar lo mejor de mí. De hecho, el miedo se apoderó de mí y me hizo preocuparme por lo que iba a ser mi vida.

Como nota positiva, descubrí los cristales, la curación energética y la espiritualidad después de que mi amiga Linda me presentara los cristales curativos. Ella fue una de las primeras personas que me inspiró a seguir ese camino hacia la iluminación. Me sorprendieron las cosas que escuché de ella. Me habló de los espíritus negativos y de las entidades del pasado que pueden quedar atrapadas en un espacio de la tierra, atormentando a los que las rodean. Me explicó la importancia de la limpieza espiritual y los procesos de autocuración. Al principio, tengo que admitir que era un poco escéptica con todo eso. Mi mente se resistía a pensar que otra persona fuera responsable de mi calvario emocional y físico. Sin embargo, en cuanto mi mente se abrió a esa posibilidad y realicé una limpieza profunda de mi casa y de mi cuerpo, me quedé atónita con los resultados.

Al experimentar una mejora tan grande en la forma en que me sentía, estaba convencida de que estaba embrujada y que mi casa estaba dominada por energía negativa. Tras deshacerme de esas entidades que socavaban mi felicidad, todo cambió. Ahora podía conciliar el sueño tranquilamente y dormir toda la noche. Me sentía llena de energía por la mañana, abriendo las persianas para que la luz del sol bañara mi apartamento. Sentía como si por fin hubiera despertado de una pesadilla y pudiera seguir en mi camino para alcanzar mis objetivos. Una vez que me topé con la magia de la limpieza del alma y la limpieza de la energía negativa del hogar, afectó a mi propia vida y me permitió prosperar. Mi viaje me ha traído hasta aquí, con el deseo de transmitir mis conocimientos a quienes me rodean y, con suerte, motivarles a cambiar su vida.

He escrito otros libros en este nicho, los cuales optan por dar una nueva perspectiva, una mirada innovadora a la espiritualidad. "Sanación energética fácil", "Protege tu energía", "Cristales fáciles", "Despertar de la energía femenina", "Manifestación para mujeres" y "Reiki fácil" son todas partes del mismo viaje. Te motivan a alinearte con tu energía, llegar a tu ser divino y descubrir los misterios del universo. Tú tienes el poder de hacerlo y yo he tenido la bendición de saber cómo ayudarte a lograrlo.

Únete a la limpieza espiritual

La limpieza espiritual puede transformar tu vida para siempre, siempre que tengas fe. No tienes que sentirte oprimido, conformándote con pensamientos y emociones negativas. Está en tus manos elevar tus frecuencias vibratorias, desechando todo lo que te ha estado arrastrando en el barro. Necesitas desplegar tus alas y volar, en busca de nuevas tierras inexploradas. ¿Por qué querrías dar las cosas por sentado, rodeado de incredulidad y compromiso continuo?

Una vez que purifiques tu psique, tu espíritu y tu hogar, encontrarás al instante ese precioso alivio que has estado buscando. Se abrirá un nuevo mundo de posibilidades para ti, pues ya no te mantendrán abajo las entidades negativas que no desean otra cosa que perjudicarte. Siempre y cuando te adhieras a las pautas fáciles y sencillas que he establecido para ti en este libro, puedes estar seguro de que tu mundo será un lugar completamente diferente a partir de ahora.

No dejes que los demás te absorban la energía y te impidan cumplir con tus intenciones más elevadas en la vida. Estás destinado a hacer grandes cosas. Por lo tanto, no debes consumirte en un ciclo interminable de negatividad. Esto te debilita con el tiempo, impidiéndote disfrutar de la vida al máximo. No puedes tener eso. No cuando hay abundantes beneficios al descubrir los secretos de la espiritualidad.

He reunido estos secretos en este libro para que los apliques en tu vida de inmediato. No pierdas más tiempo. Deja que el poder de lo divino te bendiga desde dentro, arrojando luz sobre tus miedos más oscuros y desechando la energía negativa. Únete a mí en este esfuerzo por transformar tu existencia, ampliar tu perspectiva de la vida y ser realmente feliz. Estar presente en el momento, apreciar quién eres y con qué has sido bendecido en la vida, consiguiendo por fin lo que te mereces.

Sigue leyendo este libro si estás intrigado por las infinitas posibilidades de tu mente, tu cuerpo y tu alma. Empieza a estudiar y prepárate para deslumbrarte. Hay un montón de cosas maravillosas que puedes hacer, en lugar de sentarte sin hacer nada y esperar que los espíritus negativos y las presencias malévolas se vayan por sí solos. Tienes el poder de hacer que se vayan, quieran o no. Todo está en tus manos, siempre y cuando sepas qué botones pulsar. Con unos pocos ajustes aquí y allá, verás cómo toda tu vida cambia de rumbo. ¡Buena suerte y que seas bendecido!

TÚ, TU FAMILIA, TUS MASCOTAS, TU COMIDA, LOS ÁRBOLES DE FUERA Y TODO LO DEMÁS SON ENERGÍA UNIVERSAL

Mira a tu alrededor. ¿Qué ves? Las hojas de los árboles, la suave brisa y los olores de las flores que florecen, los rayos de sol que bañan las casas, los pájaros que cantan alegremente en el fondo. Es un paisaje majestuoso en el campo. No todos hemos sido bendecidos con un paisaje así en nuestra rutina diaria. Quizá lo que veamos sean calles bulliciosas, coches atascados en el tráfico, gente que se apresura a terminar su trabajo del día, luces de neón. Aunque se trata de entornos totalmente diferentes, tienen algo en común. En definitiva, son Geometría en perfecta alineación.

Según la mitología griega, a Atlas se le encomendó la agotadora tarea de sostener el globo terráqueo en sus manos. Esto mantenía el equilibrio universal, aunque obviamente era insoportable para el héroe trágico griego. Muchos poetas han alabado a Atlas por su perseverancia y desinterés. Si soltara las esferas celestes, el mundo se derrumbaría en cuestión de segundos. Todo se convertiría en polvo, incluso el más mínimo movimiento equivocado de una sola persona. (Colaboradores de Wikipedia, 2019) Este mito ha sido obviamente desacreditado por la Ciencia moderna. Sin embargo, nos enseña que el equilibrio es mucho más difícil de alcanzar de lo que pensamos.

El universo ha sido creado en absoluta armonía y tú formas parte de esta obra maestra global. Pero, ¿qué significa esto? ¿Cómo puede el mundo funcionar correctamente, en lugar de caer en el caos? La respuesta está en el concepto de energía universal. Hay energía escondida dentro de cada uno de nosotros. La energía dicta nuestros movimientos y garantiza la armonía en todo el mundo. De lo contrario, sería imposible coordinar nuestras entidades y evitar continuos choques.

¿Qué energía guía el universo? Hay una teoría apasionante que lo explica con bastante precisión. Basada en la teoría Constructual, el diseño del átomo y del cosmos son iguales en su núcleo. Son casi idénticos, como réplicas. La forma en que una molécula emite energía y vibra es la misma que la del cosmos. La energía es infinita y fluye a través de cada ser, de cada parte del universo, de todo lo que percibimos a través de nuestros sentidos. Lo que cambia es la complejidad del diseño. Las estructuras más pequeñas requieren una arquitectura más sencilla, lo cual es perfectamente comprensible (Bejan y Lorente, 2010).

Vivimos en un universo pulsante y vibrante de avanzada armonía. Tú también estás vibrando, como parte del universo. Todo en el universo es energía, pero está repartida en diferentes niveles. Tómate un momento e imagina el enorme poder de la energía en un solo átomo. Hay una energía masiva que fluye a través de ti, a través de mí y a través de todo lo que hay en medio. Una sola molécula podría iluminar toda una ciudad durante un día, si su energía se concentrara y reutilizara.

Si el organismo vivo más pequeño contiene una inmensa cantidad de energía, ¿qué ocurre con los individuos? ¿Qué ocurre con los grupos de personas, las comunidades, las ciudades o los países enteros o incluso los continentes? ¿A cuánta energía asciende? Las cifras son asombrosas. Aunque es imposible cuantificar esas energías, es justo concluir que hay una energía inagotable a nuestro alrededor.

Si estás decidido a limpiar la energía negativa y crear un entorno positivo para ti y para tu hogar, es imprescindible que entiendas cómo funciona el universo. De lo contrario, no podrás tener éxito en tu empeño. Por lo tanto, es crucial que comprendas que no estás aislado, operando independientemente de todo lo que te rodea. Por el contrario, estás nadando en un océano de energía. Esta energía es inagotable.

LA ENERGÍA UNIVERSAL DE LA FRECUENCIA Y LA VIBRACIÓN

"El campo es el único organismo que gobierna la partícula", como describió Albert Einstein de forma muy elocuente. Un plexo invisible de energía está en todas partes, creando la materia y preserván-dola. Todas las células y moléculas están dictadas por los mismos principios y gobernadas por el mismo poder, formando cada criatura y sosteniéndola para la vida (freeAgent42, 2018).

La Física Cuántica ha intentado explicar los principios que rigen el universo. Las partículas subatómicas se adhieren a reglas específi-cas, que definen el mundo que nos rodea. Entre el núcleo de cada átomo y los electrones que lo rodean, hay energía electromagnética. Esto tiene un valor incalculable, ya que muestra que hay un flujo continuo de energía que rodea todo en el mundo. En lugar de permanecer quieta y concreta, la realidad siempre fluye. Lo perci-bamos o no, el universo cambia constantemente en función de esa misma energía.

La energía está en todas partes, vibrando a una velocidad deter-minada para influir en la realidad. Cuando escuchamos un sonido, nuestros oídos traducen la vibración. Lo mismo ocurre con todos nuestros sentidos. Esta es la forma de percibir el mundo. Sin este movimiento, seríamos incapaces de comprender lo que nos espera. La realidad se ha estructurado a través de impulsos vibratorios. Como formamos parte de la existencia, también somos generadores de frecuencia. Emitimos energía al mundo, influyendo en él a un nivel distinto.

Lo que es aún más llamativo es el hecho de que podemos cambiar el mundo, de acuerdo con nuestra frecuencia. La Ley de la Atracción sugiere que el estado interior de un individuo afecta al entorno, atrayendo finalmente las cosas que se manifiestan a través de sus pensamientos y sentimientos. Esta es una revelación impactante, ya que permite a las personas transformar la realidad cambiando su forma de sentir (Corbin, s.f.).

El cosmos está dentro de ti. Puedes darle la forma que quieras, siempre que modifiques tu interior en consecuencia. ¿Buscas salud, prosperidad, fama y dinero en tu futuro? Al manifestarlos desde tu interior, te aseguras de atraerlos a tu vida. Por otro lado, si te centras en las emociones negativas, entonces esto es lo que vas a atraer. Es un curso natural de los acontecimientos, del cual eres responsable a través de la Ley de Atracción.

Esta es una sensación increíble, ser capaz de influir en el universo a través de tu propio poder. Tan pronto como comprendas cómo funciona, serás capaz de atraer todas esas cosas maravillosas de la vida. Tendrás la oportunidad de dedicarte a tu verdadero propósito, sin las distracciones que te han estado arrastrando todo este tiempo. Ahora serás libre para crear, explorar, inspirar y motivar a otros a unirse a tu camino.

ERES PARTE DEL MUNDO

EL ENFOQUE EMOCIONAL DE LA GENTE EN UN SOLO EVENTO podría formar la conciencia universal. Así de poderosa es la vibración. Cuando ocurre un desastre natural, hay un pico en la energía global que se asemeja al pico que sigue a un terremoto. La gente se ve afectada emocionalmente al oír hablar de un evento negativo y esta emoción se manifiesta a través de un cambio en la energía global. Somos parte de algo grande, partes de un Todo que vive y respira en unidad.

Dicho esto, tiene sentido que todos los seres vivos del universo se comuniquen entre sí. Puedes hablar con la entidad espiritual de todas las cosas, como ellas pueden hablar contigo. Este es el concepto de inteligencia universal. Tomemos como ejemplo el trabajo del investigador japonés Masaru Emoto. Experimentó con el agua, exponiendo distintos recipientes a diferentes emociones y estímulos. Los resultados fueron sorprendentes. El agua sometida a estimulantes positivos se había transformado en impresionantes formaciones de moléculas, mientras que el agua sometida a estimulantes negativos se volvía fea y desfigurada (Pitkanen, 2018).

Cuando la energía permanece estancada, las cosas que la rodean comienzan a marchitarse y a desmoronarse. La vida se mantiene solo a través de la vibración. Una vez que la energía se bloquea, este sistema vibracional se interrumpe. El resultado es realmente desgarrador. No puede haber vida sin vibración. Tu existencia depende de la frecuencia en la que vibras. Puedes cambiar esa frecuencia cargándote con el poder de los objetos, individuos y emociones que emiten niveles elevados de vibración.

Sólo a través del amor incondicional podemos lograr esa conexión con el universo y alcanzar la armonía. Forjar una conexión con esta conciencia universal es de suma importancia. Aunque suena increíble, hay obstáculos que se interponen en el camino para lograrlo. En un entorno turbulento y lleno de distracciones, centrarse en el propio ser espiritual resulta mucho más difícil.

Al aceptar que la misma energía fluye a través de todo lo que nos rodea, nos volvemos instantáneamente más fuertes. Comprendemos plenamente cómo funciona el universo, cargando todas las cosas con energía positiva y permitiéndoles alcanzar su propósito superior. Tú eres parte del mundo, de ahí que debas optar por cargar tu cuerpo y tu entorno lo más alto posible. De esta manera, tendrás la oportunidad de atraer cosas positivas en la vida, a través de la Ley de Atracción.

Lista de comprobación de la conexión con el universo

. . .

A CONTINUACIÓN, HE CREADO UNA RÁPIDA LISTA DE comprobación de algunas de las cosas que debes considerar para sacar tu conclusión sobre si estás o no conectado al universo. Responde con la verdad, ya que esto afectará a tu desarrollo posterior. No hay razón para culparte a sí mismo, si descubres que estás menos conectado de lo previsto. Por el contrario, es estupendo que lo hayas descubierto lo suficientemente pronto, para que puedas alinear tu energía y restaurar tu profunda conexión con el cosmos.

- ¿Cuál es tu relación con los animales? ¿Tienes una mascota? ¿Te gustan los animales y la interacción con ellos?
- ¿Te gusta estar al aire libre? ¿Sueles hacer excursiones, aprovechando para descubrir verdaderas joyas de la naturaleza?
- ¿Te atrae la astronomía? ¿Pasas tiempo mirando las estrellas en el cielo? ¿Lees sobre los planetas y la luna?
- ¿Te encuentras a menudo en un estado de "deja vu", cuando piensas que has tenido la misma experiencia en una vida diferente (o quizás en un universo paralelo)?
- ¿Reciclas? ¿Qué haces para ayudar al medio ambiente? ¿Eres voluntario o ignoras los peligros inminentes para el planeta y nuestra supervivencia?
- ¿Te interesan las predicciones meteorológicas? ¿Te centras más en la predicción que en las condiciones meteorológicas actuales?
- ¿Cuál es tu relación con la tecnología? ¿Has desarrollado una adicción a los dispositivos electrónicos y a la red, o has conseguido mantener una relación sana?
- ¿Crees que es probable que hayas vivido diferentes vidas en el pasado, o crees que sólo se vive una vez?
- ¿Recurres a menudo a los medicamentos, incluso para las molestias leves, o prefieres la medicina alternativa?

- ¿Tienes plantas de interior? ¿Tiene tu casa un balcón? Si es así, ¿tienes plantas allí? O ¿vives en una casa con jardín?

Recuerda que aquí no hay respuestas correctas o incorrectas. Esta lista de comprobación sólo debe utilizarse como punto de referencia, para darte cuenta de tu grado de apego a la naturaleza y al cosmos que te rodea. ¿Crees que estás conectado al mundo a través de un cordón místico e invisible? Sean cuales sean tus respuestas, está en tus manos cambiar tu actitud hacia la naturaleza y el mundo.

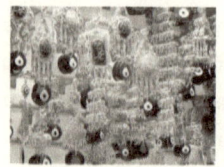

2

CONOCE A TUS ADVERSARIOS; EL MAL DE OJO, LA ENERGÍA NEGATIVA Y LAS FUERZAS OSCURAS

El mal de ojo, o la mirada malévola, ha sido un concepto ampliamente aceptado desde la antigüedad. En todo el mundo, hay muchas palabras diferentes que describen lo mismo: la envidia de un individuo puede interferir en la buena fortuna de otro. Muchas personas creen que esto no es más que una superstición. Sin embargo, es una cuestión de causalidad.

¿Te has encontrado alguna vez en una situación en la que otra persona te ha mirado con desprecio? ¿Qué te ha hecho sentir eso? Seguro que esa mirada te ha afectado durante un rato, o incluso durante todo un día. El arte de la seducción reside en el poder de una sola mirada. La gente la utiliza para volverse más atractiva y atraer o manipular potencialmente a los demás. A través de sutiles maneras de actuar, una mirada puede conseguir lo que quieres o distraerte de tus objetivos.

Cuando alguien está celoso de ti, lo más probable es que reaccione mal incluso sin que lo sepa. Su mirada puede enviar vibraciones negativas hacia ti, afectando a tu existencia. La envidia es una emoción negativa severa, que impide que un individuo se alegre honestamente por las bendiciones de otra persona. Hay personas que envidian a otras inconscientemente, ya que las comparan directamente con su propia vida. Lo que a ellos les falta, no pueden aceptar verlo en los demás. Esto puede ser una pendiente resbaladiza, ya que siempre habrá algo que no se tenga.

Es importante señalar que hay varias referencias al mal de ojo en los libros espirituales, así como en las Sagradas Escrituras. Por lo tanto, no debe considerarse como un concepto pagano que no tiene fundamento. Es más, existen rituales ceremoniales en muchas religiones de todo el mundo que tienen como objetivo eliminar el mal de ojo de la persona que ha sido víctima de su abrumador poder (Bledsoe, 2013).

Si estás decidido a expulsar el mal de ojo, lo primero que tienes que hacer es ser consciente de su existencia. A menos que reconozcas que está ahí, no podrás combatirlo con eficacia. Imagina que te estás preparando para una entrevista de trabajo. Te aconsejan que lleves un traje para aumentar las posibilidades de conseguir el trabajo. ¿Dónde está la causalidad en este ejemplo? No puedes creer que vistiendo elegantemente puedes impresionar al departamento de RRHH. Lo que sí puedes hacer es ser consciente de lo que llevas puesto y actuar en consecuencia. Tu comportamiento reflejará a su vez tu confianza, lo que aumentará considerablemente tus posibilidades de éxito.

Llevar un talismán contra el mal de ojo funciona así. Te haces consciente de la amenaza que supone la mirada malévola. Más que eso, haces saber a los demás que eres consciente de esta amenaza. Una persona que está a punto de lanzarte una maldición se lo pensará dos veces al notar esa pieza de joyería que te blinda contra tales peligros. Dicho esto, un simple amuleto puede no ser suficiente para mantener el mal de ojo alejado de ti. Sin embargo, te va a ayudar, como parte de un enfoque holístico de identificar el mal de ojo como una maldición y protegerte contra él.

Tienes que conocer a tus adversarios, antes de poder estar a la altura del desafío y enfrentarte a ellos. Aprende a detectar las señales de advertencia del mal de ojo, para darte cuenta de cuándo necesitas ayuda. Ver a través de las maldiciones lanzadas sobre ti, para que puedas actuar rápidamente y levantarlas antes de que te afecten gravemente. Defiéndete, creando un muro protector que no permita que las amenazas penetren en tu interior.

¿CÓMO SE SIENTE UNA MALDICIÓN?

¿Te preguntas si has sido víctima del mal de ojo, o de otra maldición o maleficio? ¿Sientes que nunca puedes tener un respiro? ¿Te sientes constantemente miserable, fracasando en todo lo que haces? ¿Hay una fuerza externa que te impide alcanzar tus sueños? No se trata de magia, a diferencia de lo que muchos afirman. Alguien no te drena directamente tu energía. No funciona así. Por el contrario, es el impacto de la energía negativa que se proyecta sobre ti, haciendo tu vida más difícil. Esta es la maldición, que puede interferir en tu bienestar y convertir tu existencia en un calvario.

Sé que todo esto va en contra de lo que te han enseñado en tu vida hasta ahora. Has estado acostumbrado a enviar energía positiva a los demás, a rezar por ellos y a esperar que sean felices, estén sanos y tengan logros. Tu única intención ha sido siempre la de provocar la alegría en la vida de los demás. ¿Cómo puede otro ser buscar todo lo contrario para ti? ¿Es cierto que hay entidades por ahí minando tu bienestar?

Las maldiciones son reales, porque tú crees en ellas. ¿Por qué la gente lanza maldiciones en primer lugar? Las maldiciones están pensadas para traer el caos a tu vida. Sin embargo, existe una idea errónea muy extendida sobre la forma en que se lanzan a alguien. Puedes creer que hay todo un ritual detrás de las maldiciones. Hay rituales, así como oraciones a poderes maliciosos. Se trata de un esfuerzo consciente para enviar energía negativa. Ocurre intencionadamente y está destinado a perjudicarte. Pero al mismo tiempo, hay muchas maldiciones que se lanzan sin intención. Las madres pueden echar una maldición a sus hijos, los hermanos pueden echarse una maldición entre ellos, incluso las personas que están destinadas a halagarte pueden hacerlo sin que lo sepan. Es menos común que el aspecto tradicional del ojo malévolo, pero puede ocurrir.

Desear cosas malas es más común de lo que se piensa. Tómate un momento e imagina una calle muy transitada en pleno día. Estás conduciendo, cuando otro conductor empieza a insultar. Te está insultando, simplemente porque quiere pasar por delante de ti. La sola idea de que te interpongas en su camino y les distraigas de su objetivo es suficiente para maldecir. Esa energía negativa te pasa factura, ya que te sientes agotado por ese incidente. No es casualidad. Lo mismo ocurre en el supermercado, cuando la gente se pelea por una botella de leche o por la última chocolatina junto a la cajera. Se pelean por los deportes, la política, la actualidad y muchas cosas más.

Dicho esto, hay personas que se pasan la vida sin preocuparse por ser malditos. Nunca se lo piensan dos veces, ya que no es algo que suelan surgir como tema de discusión. Por lo general, hace falta una gran conmoción para que alguien empiece a cuestionarse su vida. Después de tocar fondo, está en nuestra naturaleza contemplar todas las cosas que hemos hecho, con una necesidad desesperada de respuestas. ¿Qué nos ha llevado hasta aquí y qué nos ha hecho fracasar? ¿Es nuestra propia incompetencia, nuestra falta de determinación, o es algo que está más allá de nuestro alcance? Curiosamente, en muchos casos la culpable es una maldición.

Las cuerdas de apego unen tus propios sentimientos negativos con los de los demás. Debes estar familiarizado con la dualidad como concepto. La acción viene con la respectiva forma de reacción. Ya que podemos enviar amor, compasión y luz, es justo que seamos capaces de hacer exactamente lo contrario. Está dentro de los poderes de las personas enviar angustia, dolor y agonía a los demás. Obviamente, debes ser consciente de que al enviar determinadas emociones, las atraes de vuelta hacia ti. Así que, básicamente, quien desea cosas negativas para los demás suele sufrir aún más.

Cuando recibes el impacto negativo de una maldición, la frecuencia de tu cuerpo la absorbe. Como resultado, tus vibraciones cambian radicalmente. Se vuelven más bajas, lo que a su vez lleva a crear situaciones negativas y a atraer emociones negativas: el círculo vicioso perfecto. A veces, los espíritus terrestres pueden unirse a esta espiral descendente. Se aferran a ti, mientras tienen problemas no resueltos por su cuenta.

¿Afecta una maldición a todo el mundo de la misma manera, o algunas personas son inmunes a estas amenazas? ¿Por qué algunas personas son más susceptibles a las maldiciones? En primer lugar, las personas que creen en el mal de ojo y en las maldiciones son las que más se ven afectadas. Sin embargo, ignorar el poder de las maldiciones no tendrá un impacto directo en las víctimas. Seguirán siendo maldecidos, seguirán sufriendo, pero lo más probable es que no conecten los puntos para darse cuenta de cuál ha sido la causa de su calvario.

Además, estar en un estado vulnerable dentro de tu vida te ayuda a ser más susceptible a las maldiciones. Si las cosas te van muy bien, si tienes una relación amorosa, si obtienes pura satisfacción de tu trabajo y de la interacción con los demás y te sientes completo, entonces tu escudo se ha levantado. Puedes mantener a raya esas amenazas con mucha más eficacia. Por otro lado, cuando te sientes deprimido y dudas constantemente de ti mismo, si eres infeliz en tu relación o te sientes atrapado profesionalmente, entonces tu guardia se abre.

Todo esto se reduce a tu vibración. Cuando emites una vibración en frecuencias bajas, atraes cosas negativas. Atraes el mal de ojo y motivas a otros a lanzarte una maldición. En tiempos de grandes transiciones, este fenómeno puede ser aún más intenso. Estas entidades negativas se alimentan de tu miedo. Cuando algo grande sucede en tu vida, aunque sea muy bueno para ti, hace que surja la inseguridad. Incluso si acabas de ser ascendido con un aumento de sueldo significativamente grande, sigues sintiendo miedo de lo que va a pasar después. Esto se interpretará como debilidad, atrayendo la negatividad.

· · ·

ALEJA LAS MALDICIONES

EXISTEN MUCHAS TÉCNICAS DIFERENTES PARA AYUDARTE A eliminar una maldición. Hagas lo que hagas, debes estar realmente comprometido con ello. No dejes que ninguna distracción te lleve por el mal camino. Además, debes tener a tu lado a alguien de confianza, un amigo o un guía espiritual. Esto te ayudará a mantener la concentración, al tiempo que aumenta tu propio poder para eliminar los espíritus negativos y las maldiciones de tu cuerpo y tu hogar.

En primer lugar, puedes tomar una vela blanca, amarilla o negra y sostenerla en las palmas de las manos. Mírala con atención, centrando tu mirada en su material. Mientras lo haces, visualiza que estás enviando toda la energía negativa de la maldición en esta vela. Saca las emociones asociadas a la maldición, incluyendo tu miedo, ansiedad y desesperación. Junto con eso, recuerda todas las manifestaciones de esta maldición, hasta donde tú sabes. Por ejemplo, ¿ha provocado la maldición la pérdida de alguna pertenencia preciosa? ¿Te ha hecho sufrir un esguince de tobillo? Después de haberte concentrado durante unos minutos, toma esa vela y déjala arder en algún lugar sin distracciones y sin apagarla.

Alternativamente, puedes usar el hechizo del congelador. Sólo ten en cuenta que este hechizo sólo es efectivo si sabes quién te ha lanzado la maldición. Escribe el nombre de la persona que te ha maldecido en un papel. Luego, coge el papel y ponlo en un tarro de cristal. Llena el tarro con agua y mételo en el congelador. También puedes utilizar la foto de la persona o un objeto personal suyo. El concepto es bastante simple, ya que a través de este hechizo tienes la oportunidad de congelar la energía de la maldición. Al mismo tiempo, crea una distancia física entre esta persona y tú.

Con el fin de deshacerte de una maldición, cualquier tipo de curación de la energía te ayudará. El reiki, la limpieza del aura y la energía angelical te permitirán eliminar una maldición. Sin embargo, necesitarás que otra persona realice esa curación energética en ti. Tú has sido afectado por la maldición, por lo tanto podrías estar ciego por ella y no ser capaz de eliminarla como deberías. Como alternativa, puedes pedir a la persona que ha venido a sanar tu energía que rece por ti. De este modo, pueden unir sus fuerzas y amplificar la energía que ambos generan. Así podrás eliminar una maldición mucho más fácilmente de lo que lo harías rezando por tu cuenta. Al fin y al cabo, ¡hay fuerza en los demás!

3

LA MAESTRÍA DEL AURA, LO QUE NECESITAS SABER PARA MANIFESTAR UNA EXISTENCIA ALEGRE

El aura es la energía electromagnética iluminadora que rodea tu cuerpo. Es como una manta protectora que sigue tu forma exacta, formada para conectarte con el mundo. Para describirla con más precisión, diría que el aura tiene forma de huevo y es sutilmente colorida. A medida que te haces más consciente de su presencia, te das cuenta de cómo funciona realmente la vibración. Comprendes plenamente la importancia de limpiar la energía negativa y te pones en contacto con tu equilibrio interior.

Esencialmente, el aura es un campo electromagnético vibratorio que rodea a todos los seres vivos. Hay 7 capas diferentes del aura en el cuerpo energético, colocadas una dentro de la otra. Piensa en el interior de una cebolla. Consta de diferentes capas, que se vuelven más gruesas a medida que se alejan del núcleo. Transmiten la información del cuerpo al entorno exterior directo. Cada capa tiene una vibración diferente y está directamente vinculada a un centro energético de chakra distinto. Las capas exteriores tienen una vibración más alta, aunque cada capa tiene su propia función.

Nunca subestimes el valor de una capa energética. Dado que vibran en sus frecuencias únicas, son insustituibles. Se mezclan en armonía, creando el aura del individuo. Un cuerpo sano emana energía equilibrada y esto se puede mostrar a través de un aura con los colores del arco iris, equilibrada con una variedad de matices cromáticos y sin distorsiones. Siempre hay que tener en cuenta que el aura es dinámica, es decir, que puede cambiar en cualquier momento, dependiendo de cómo se sienta la persona y de lo que piense.

Es necesario conocer la esencia del aura para comprender la importancia de equilibrar los campos energéticos. La energía electromagnética está en todas partes, afectando incluso a la molécula más pequeña del universo. La energía crea y mantiene la vida, proporcionando un vínculo indestructible entre el mundo físico y el espiritual. Si estás decidido a mejorar tu vida en todos los niveles, no puedes ignorar o subestimar el significado de la energía. Por el contrario, al abrazar el aura y permitirte purificar sus diferentes capas, notarás un cambio notable en tu forma de sentir.

Más adelante en el libro te mostraré cómo limpiar las auras y te daré instrucciones paso a paso, para que aproveches al máximo su increíble potencial. Recuerda que limpiar tu energía y la energía negativa de tu casa es esencial para tener una vida alegre. Pero antes de nada, después de haber comprendido su significado y su procedencia, es justo que avancemos en la distinción de las diferentes capas de las auras. De este modo, tendrás la oportunidad de abordar cualquier bandera roja que represente tu aura. Piensa en ellas como indicadores de tu salud física y espiritual.

Si quieres ver tu aura en un papel, puedes buscar la fotografía del aura. Se trata de una técnica controvertida, pero puedes utilizarla para analizar los diferentes colores, formas y tamaños representados en la foto. Incluso si estás preparado para lo que vas a ver, puede ser impactante observar tu campo electromagnético así. Es aún más inquietante, por supuesto, si descubres que tu aura está desfigurada. Esto significa que tienes algún tipo de desequilibrio energético del que debes ocuparte, para restablecer un aura sana y viva.

CAPAS DEL AURA

Como ya dijimos, hay 7 capas diferentes del aura, asociadas con los 7 centros de energía de los chakras dentro de tu cuerpo. Las primeras 3 capas del aura, las más cercanas a tu ser físico, representan el plano físico. El cuerpo astral refleja el plano astral, mientras que las 3 últimas capas del aura representan el plano espiritual. Todas esas capas trabajan juntas y tienen como objetivo proporcionar el precioso equilibrio de tu entidad.

- Cuerpo etéreo: Se encuentra justo después del cuerpo físico y se extiende hasta 5 cm. Es la capa más cercana a tu presencia física y actúa como un mediador que transfiere las energías entre el aura y el propio cuerpo. El cuerpo etéreo es denso y grueso, de color azul, parecido al cuerpo físico pero con una vibración más alta. Si se observa con atención, se puede ver esta capa a simple vista. El cuerpo etéreo está conectado con el chakra raíz. Ofrece vivacidad y estructura, destacando incluso las pequeñas anomalías que pueden convertirse en enfermedades.

- Cuerpo emocional: Como su nombre indica, es el aura responsable del equilibrio emocional del cuerpo. Allí se almacena la energía emocional. Está conectada con el chakra sacro y puede obtener varios colores diferentes. Lo interesante de esta capa es el hecho de que cuando te estresas, parecen aparecer agujeros más oscuros en su superficie. Esto pone de manifiesto de forma muy elocuente el gran impacto que puede tener la angustia emocional en tu bienestar. Es casi como si tu aura quedara traumatizada por las emociones negativas.

- Cuerpo mental: Alejándose más del cuerpo físico, hasta 8 pulgadas, encontramos el cuerpo mental. El cuerpo mental está asociado con el chakra del plexo solar. Es de color amarillo brillante y se concentra principalmente alrededor de la cabeza y el cuello. Esto sucede porque está relacionado con los procesos mentales, reflejando el poder personal. La actitud del individuo se ve afectada por esta aura. Las dudas sobre uno mismo pueden ser catastróficas para el equilibrio de esta capa, lo que puede llevar a la niebla, al juicio nublado y a la falta de claridad mental.

- Cuerpo astral: A medida que nos alejamos del cuerpo físico, unos doce centímetros, esta aura muestra su capacidad de amar y ser amado incondicionalmente. Es de color rosa claro y su salud se promueve a través de relaciones sanas e intensas. El cuerpo astral está vinculado con el chakra del corazón, conectando las tres capas internas y externas del aura. Una vez alcanzada esta capa, se introduce en el plano astral.

- Doble etéreo: El doble etéreo se encuentra después del cuerpo astral y llega a 18 pulgadas de tu cuerpo físico. Su color varía y está conectado con el chakra de la garganta. Básicamente, es un espejo del cuerpo etéreo y, por lo tanto, refleja los aspectos de tu existencia física. Esta capa protege todo lo que aprecias en el mundo. En consecuencia, los pensamientos negativos provocan desequilibrios y falta de confianza. Si el desequilibrio se prolonga, se corre el riesgo de que se manifiesten enfermedades.

- Cuerpo celeste: Se conoce también como holográfico y está asociado al chakra del tercer ojo. Es el aura asociada a la iluminación y es responsable del conocimiento intelectual superior. Se puede ver a una distancia de hasta 24 pulgadas de tu ser físico, en un color blanco. El cuerpo celeste simboliza tu conciencia y la forma en que percibes las cosas en la realidad. También es el lugar donde brota tu imaginación y se desarrolla tu intuición en un nivel más espiritual. Una vez que fortalezcas esta capa lo suficiente, podrás conectar con el mundo espiritual y comunicarte con tu ser divino.

- Plantilla ketérica: Se extiende hasta un metro desde tu cuerpo físico y es la séptima y última capa de tu aura. Mantiene una profunda conexión con el chakra de la corona, que te permite comprenderlo todo. Se puede ver en color oro puro. Esta capa contiene el conocimiento divino y promueve el poder y la conciencia universal. Todas las experiencias obtenidas hasta ahora se manifiestan a través de una comprensión profunda del mundo. Además, la plantilla ketérica te permite llegar a tu alma y mirar a través de tus vidas pasadas. Las emociones negativas te llevarán a dudar de tu ser superior, de tu propósito en la vida y de lo divino.

Estas capas del aura trabajan juntas, para protegerte de todo daño. Son como un escudo que impide que las energías y entidades negativas penetren en tu defensa. Sin embargo, si incluso una de estas capas no funciona correctamente, entonces toda la estructura no funciona como debería. Es entonces cuando eres más vulnerable a esas amenazas. Para restablecer el equilibrio, necesitas limpiar tu aura y al mismo tiempo recargarla. De este modo, te asegurarás de que siempre sea lo suficientemente gruesa como para proteger tu cuerpo y lo suficientemente fuerte como para mantener a raya cualquier energía negativa.

Aunque el aura no está hecha de ningún material, puedes observarla. Sólo tienes que mirarla de cerca. También puedes tocarla y comprender su presencia a tu alrededor. Por supuesto, no se puede sostener en las manos como se sostendría una chaqueta o una llave. Aun así, es fascinante entender el electromagnetismo en un nivel diferente. Esto no es sólo física, es la realidad de cada persona.

. . .

CÓMO VER LAS AURAS

LAS AURAS VIENEN EN MUCHOS COLORES, PERO LOS COLORES exactos que se ven revelarán ciertos aspectos del verdadero ser de un individuo. En cuanto veas los colores del aura, podrás sacar conclusiones según la personalidad y la calidad de cada uno. El color azul caracteriza a un idealista, que se adhiere a los códigos y principios morales. Como color del chakra del corazón, el verde refleja la compasión, la confianza y el amor. Si busca una persona leal a su lado, busque un aura verde brillante. El rojo es el color del valor, la fuerza y la energía. Sin embargo, al mismo tiempo muestra ira y una voluntad más profunda de destruirlo todo.

Una persona bondadosa que opta por mantener la paz y la armonía en sus relaciones se caracteriza por el color rosa claro de su aura. El color amarillo suele encontrarse en los profesores y en aquellos que desean transmitir sus conocimientos a los demás. También es típico de la comunicación. El naranja es el color de la creatividad y refleja el nivel de independencia de una persona. Si buscas rasgos espirituales, el color púrpura es el que debes buscar. Se encuentra en los psíquicos y en aquellos que se comunican con el mundo espiritual. Estas personas pueden guiarte en tu camino hacia la conciencia espiritual.

Una conexión aún más profunda con la espiritualidad se muestra a través de un aura blanca. Es el reflejo de una persona que ha comprendido su ser superior y ha inundado el mundo con la iluminación. El color blanco es el de la pureza y las personas con el color blanco predominante manifiestan la sabiduría cósmica. El verde es el color de la curación, la paz y la armonía. Por lo tanto, estas son también propiedades sorprendentes, destacadas en su aura. Por supuesto, como se ha mencionado anteriormente, el aura no es estática. Al contrario, se mueve y cambia constantemente. Por lo tanto, dependiendo de tu estado específico en un momento dado, puede mostrar diferentes colores. No debes preocuparte por ello, ya que es perfectamente comprensible.

Puedes ver el aura tanto de ti como de otra persona. En cualquier caso, vas a necesitar un fondo oscuro. Si estás viendo el aura de otra persona, debes dejar pasar un par de minutos para que se relaje. Al mismo tiempo, debes dejar de lado cualquier pensamiento y concentrarte. Luego, debes mirar a la persona, pero no directamente. Intenta mirar un poco más lejos de su cabeza. De este modo, mantienes la percepción de la presencia de la persona, pero sin mirarla directamente ni identificar ningún detalle de su rostro, ni de su forma.

Es importante que te concentres en la zona de la cabeza, ya que es donde se obtienen los campos de energía más fuertes. Mantente en silencio durante todo el procedimiento, mientras intentas distinguir incluso las impresiones más débiles. Al principio, podrás ver una línea blanca que da forma al aura de la persona. Este es sólo el primer paso. A medida que continúes enfocando a la persona, tendrás la oportunidad de discernir los colores dominantes de su personalidad. A través de la práctica, puedes ir más allá y ver todo el espectro cromático del aura. Para los que llevan mucho tiempo practicando esto, es posible incluso hacerlo sin un fondo oscuro.

Si deseas ver tu propia aura, debes concentrarse en la palma de la mano. Utiliza de nuevo un fondo oscuro, pero esta vez mantén los dedos separados. Mira justo entre el pulgar y el índice. No apartes la mirada, ya que perderás la concentración. Al cabo de un rato, empezarás a ver esa forma de brillo blanco justo al lado de la palma de la mano. Será como si hubieras sumergido tu mano en esa luz brillante. Cuanto más te concentres, más podrás discernir tu aura. Se necesita práctica y una mente abierta, así que no te desanimes.

4

SUPERCARGA DE TU VIBRACIÓN, TRANQUILIZAR LA MENTE Y ELEVARTE POR ENCIMA DE LAS FUERZAS NEGATIVAS

Si te tomas un momento para pensar en ello, hay un montón de espacio vacío dentro de un átomo. Ahí es donde tienen lugar las vibraciones, que dan forma al mundo que nos rodea. Sin vibración, no podría haber vida. Al elevar tu vibración a los niveles máximos, alcanzarás el nivel más alto de vivacidad en ti mismo. Una vibración elevada puede transmutar la energía en ti y en tu hogar. Entonces, ¿cómo puedes gestionar todo eso? ¿Está 100% en tus manos, o depende de otros?

Básicamente, tienes que entender que tus sentimientos y pensamientos se traducen en diferentes vibraciones. Las vibraciones bajas provienen de pensamientos y emociones negativas, como la ira, la tristeza, la depresión, el miedo y la desesperación. En cambio, la felicidad y el optimismo, el amor y el afecto son elementos que hacen que tus vibraciones sean más altas. Para tener una perspectiva, un cuerpo humano sano oscila entre 62 y 70 MHz. Tan pronto como tu frecuencia de vibración cae por debajo de ese punto de 62 MHz, tus células comienzan a mutar. Se deforman y traen el caos a tu vida.

Tu vibración no sólo se ve afectada por lo que sientes. Muchos otros factores contribuyen a esa frecuencia. Imagina los alimentos que comes. ¿Sabías que pueden ser destructivos para tus esfuerzos por alcanzar una vibración más elevada? Si consumes muchos alimentos muertos, como la carne y las aves de corral, tienes que ser consciente de que su frecuencia no supera los 5 MHz. Por eso es importante que limites tu consumo de carne y sus derivados. Especialmente los alimentos muy procesados deberían ser eliminados de tu lista de la compra. Una dieta de este tipo no es beneficiosa desde el punto de vista nutricional y, además, tu energía se ve muy comprometida.

Por otro lado, hay alimentos que realmente promueven tus frecuencias vibratorias y te hacen sentir mejor. Las almendras crudas vibran a 50 MHz y las verduras de hoja verde pueden llegar a 70 MHz. Opta por alimentos orgánicos, crudos y no procesados e incorpóralos a tu dieta. De este modo, obtendrás todos los nutrientes que tu cuerpo necesita, sin tener que recurrir a suplementos químicos. Además, tu cuerpo prosperará al absorber los nutrientes de estos alimentos tan puros. La digestión se completa mucho antes y hay pocos residuos que tus órganos deban filtrar y procesar.

Otro consejo útil sería utilizar aceites esenciales. Elevan tu vibración y te permiten alcanzar nuevas alturas. Por ejemplo, la rosa vibra a una frecuencia de 320 MHz. Esto es absolutamente increíble. Sus aromas pueden elevar tu espíritu y cambiar tu estado de ánimo, así que aprovecha sus grandes propiedades. El incienso, la lavanda y la manzanilla hacen maravillas para tu salud emocional. Al mismo tiempo, puedes utilizar cristales para elevar la frecuencia con la que vibras. Pueden ayudarte a eliminar la energía negativa y a purificar tu entorno. Hay muchos cristales diferentes que se centran en distintos aspectos de tu vida. Así que elige los que realmente necesitas para obtener resultados óptimos.

Es importante que expreses tu gratitud por las bendiciones de tu vida. Esta es otra forma maravillosa de elevar tu vibración, ya que te motiva a estar agradecido y satisfecho por lo que has logrado en tu vida. A veces nos vemos tan consumidos por nuestras preocupaciones y los objetivos que nos hemos fijado, que nos olvidamos de dar las gracias por las cosas que ya tenemos. La gratitud está estrechamente asociada a la abundancia y es muy similar al pensamiento positivo. En lugar de ahogarte en pensamientos negativos, miedos y enfados, concéntrate en pensamientos que provoquen alegría. Sé amable y esto volverá a ti.

Otra forma de elevar tu vibración es pasar más tiempo con personas que vibran a niveles elevados. Debes haber notado que hay ciertas personas, que simplemente entran en una habitación y todo el lugar se ilumina de repente. Estos individuos han sido bendecidos con una energía más brillante. A través de la Ley de Atracción, recibirás esa energía positiva que emiten al estar cerca de ellos. Además, deberías pasar más tiempo meditando. A través de esta experiencia inestimable, te pones en contacto con tu ser interior y reúnes tus pensamientos en lo que realmente importa. Aprendes a apreciar el momento, a estar presente y a despejar todo el ruido que pueda deprimirte. Además, practicas la respiración profunda. Esto te ayuda a desestresarte y relajarte.

El agua permite a tu cuerpo mantener sus funciones corporales y permanecer sano. Pero también permite que circule la energía. Al desintoxicar tu cuerpo, te deshaces de la energía negativa y te limpias a varios niveles. Simplemente aumentando tu consumo diario de agua, empezarás a sentirte increíble. A continuación, haz un ejercicio que te haga feliz. Baila, muévete y siente los beneficios de la energía que te invade. No hemos sido diseñados para estar sentados todo el día frente a una pantalla, o tumbados en el sofá viendo la televisión. Introduce el movimiento en tu vida.

TÉCNICAS PARA ELEVAR TU VIBRACIÓN

Además de los cambios que puedes hacer en tu rutina diaria, como los que se han descrito anteriormente, también hay varias técnicas que puedes incorporar para obtener resultados óptimos. Estas técnicas te ayudarán a alcanzar una frecuencia vibratoria más alta, para manifestar las cosas que quieres en la vida. Te permitirán alcanzar tu ser divino y despejar cualquier pensamiento negativo.

TÉCNICA DE LA RESPIRACIÓN AGITADA

LA TÉCNICA DE LA RESPIRACIÓN AGITADA ES UNA GRAN OPCIÓN para que la pruebes, ya que te permite conectar con tu ser superior. Tienes que sentarte cómodamente, en posición erguida. Esto significa que tus chakras deben estar alineados, creando un canal para que la energía fluya sin obstáculos. A continuación, coloca las palmas de las manos encima de los muslos, siempre mirando hacia arriba para recibir. Recuerda mantener las puntas del pulgar y del índice conectadas, tocándose suavemente. Mantén también conectados los otros tres dedos. Esto es importante, ya que no quieres que la energía se desperdicie.

Quédate en esa posición y descansa. En cuanto te sientas relajado, estarás listo para avanzar con la respiración. Cierra los ojos y empieza a inhalar y exhalar por la nariz tan rápido como puedas. El objetivo es llegar a cuatro veces por segundo, lo que puede parecer imposible. Sin embargo, a través de la práctica constante, puedes lograrlo. Aunque sientas que ya no puedes hacerlo, es esencial que sigas respirando así durante dos o tres minutos.

Después de estos dos o tres minutos, puedes respirar profunda y suavemente. Mantén siempre la concentración en tu chakra del tercer ojo. Esto te ayudará a darte cuenta de tu energía. Será alta, pero un poco caótica al principio. Continúa respirando profundamente, inhalando y exhalando. Con el tiempo, serás consciente de la sutil diferencia de tu vibración superior. A través de esta técnica, también puedes centrarte en tus manifestaciones.

YOGA MATUTINO

. . .

El yoga siempre es útil para introducirte en tu yo espiritual. Busca un lugar acogedor, bañado por la luz del sol y haz tu ritual de Yoga matutino. Consigue una posición cómoda para sentarte, con la columna vertebral erguida hasta la coronilla. Esto ayuda a que tu energía fluya suavemente. Las palmas de las manos deben colocarse encima de las rodillas. Inhala por la nariz y exhala por la boca. Practica estas respiraciones profundas durante un rato.

Después de haberte relajado adecuadamente, puedes colocar la palma de la mano derecha sobre el corazón y la palma de la mano izquierda sobre el estómago. Esto te permitirá reconectar con tu cuerpo. Continúa respirando profundamente. A continuación, coloca las dos palmas de las manos delante del pecho, en posición de oración. De este modo, estarás preparado para establecer tu intención para el día. ¿Qué piensas conseguir hoy? ¿Cuál es tu objetivo? Toma las manos y colócalas encima de la cabeza. Júntalas durante un breve momento y luego bájalas al suelo mientras giras el cuerpo a ambos lados.

En este punto, debes estar cómodo y relajado. Siguiente posición de Yoga: Toma la mano derecha y estírala por encima de la cabeza, de modo que llegue lo más lejos posible a la izquierda. La mano izquierda debe tocar simplemente el suelo. Haz lo mismo en la otra dirección, sin dejar de respirar profundamente. A continuación, toma las manos y dobla los codos, tocándolos por delante del pecho. Ábrete, colocando las manos a ambos lados del cuerpo como si estuvieras abriendo una ventana. Cierra las manos y repite el mismo patrón.

Estira los brazos por encima de la cabeza, por delante y por detrás. Luego puedes cambiar de posición. La postura del gato-vaca es perfecta para este momento. Coloca las rodillas y las palmas de las manos en el suelo. Inhala mientras adoptas la posición del gato, arqueando la espalda. Redondea la espalda mientras exhalas, para la postura de la vaca. Repite la postura unas cuantas veces y luego continúa con la posición del perro hacia abajo. Crea un triángulo con tu cuerpo, desplazando un talón cada vez. A continuación, haz la postura del pliegue hacia delante. Eres libre de experimentar con diferentes movimientos, siempre que sientas que la energía fluye.

Para relajarte y estar completamente conectado a la tierra, te aconsejamos que concluyas tu ritual de yoga con la postura del niño. Haz que tus rodillas toquen el suelo, mientras tomas los brazos y los estiras lo máximo posible hasta tocar el suelo delante de ti. Todo tu cuerpo está relajado y te concentras en tu respiración. Déjate llevar por completo y siente que te fundes con el suelo que tienes debajo. Cierra esta sesión siguiendo la misma rutina que al principio. Siéntate cómodamente, endereza la columna vertebral y siente cómo fluye la energía por tus chakras.

MEDITACIÓN DEL ALIENTO DE FUEGO

AL SEGUIR ESTA TÉCNICA, TE BENEFICIAS DE LA ENERGÍA MASIVA del fuego en tu vida. Es mejor si puedes estar al aire libre para esta meditación, ya que esto te permitirá disfrutar de la naturaleza. Además, puedes poner tus pies sobre la hierba. La hierba permitirá que la energía de la naturaleza corra a través de ti. Sin embargo, incluso en interiores puedes hacerlo con gran éxito. Quítate los calcetines y ponte de pie cómodamente. Deja de pensar en nada, ya que no puedes optar por una frecuencia vibratoria más alta si estás distrayendo tu mente.

Calma tu mente, para que permanezca en paz. Pon tus pies en el suelo y concéntrate en tu respiración. Al inhalar, hazlo con las palmas de las manos hacia arriba frente al pecho, elevándolas lentamente con la inhalación. Respectivamente, al exhalar, mantén las palmas de las manos hacia abajo frente al pecho y muévelas lentamente hacia abajo. Mantén los ojos cerrados para conseguir un estado de relajación más profundo.

Lo que haces es visualizar cada respiración que haces. Inhalas y luego mueves la respiración hacia el estómago. Este es el núcleo de tu energía, que te ayudará a dispersar esa energía a tu alrededor. Usando tus manos, empuja la energía mientras respiras, para que llegue a tu estómago. Mientras lo haces, sentirás una sensación de hormigueo por todo el cuerpo. Puede ser en la cara, en los brazos, incluso en los pies.

Después de completar una ronda de esta técnica de respiración, es posible que experimentes mareos. Esto es absolutamente comprensible, ya que muestra que has logrado elevar tu vibración. Ralentiza tu respiración, concéntrate en la calma y vuelve al estado inicial en el que te encontrabas. Cuanto más practiques esta meditación, más te sorprenderá el impacto que tiene en tu ser físico y espiritual.

Practica EFT

EFT Tapping es un método alternativo para tratar el dolor y la angustia en tu cuerpo. Se asemeja a la acupuntura, ya que se centra en ciertas partes de tu cuerpo que pueden promover la curación desde dentro. Según el EFT, el origen de la enfermedad no es más que un desequilibrio de energía dentro de tu cuerpo. En consecuencia, debes restablecer ese equilibrio para mejorar tu salud.

Por supuesto, hay partes específicas del cuerpo basadas en los puntos de los meridianos en las que debes centrarte. Estas partes incluyen la barbilla y el labio superior, el área debajo de los ojos, las cejas, debajo de las axilas y el pecho. Estas mismas partes son vías que liberan cualquier bloqueo energético, permitiendo que la energía fluya por tu cuerpo sin ningún obstáculo (Anthony, 2017).

Si quieres probar esto, puedes empezar con una simple sesión de EFT tapping. Con tu palma, comienza a dar golpecitos en la parte externa de tu otra palma. Sé que sentirás que tu vibración se eleva por segundos, lo cual es genial. Mientras lo haces, repite afirmaciones positivas. Por ejemplo, puedes decir *"Elijo elevar mi vibración"*, *"Es mi elección sentirme bien"*, *"Estoy listo para elevar mi frecuencia vibratoria"*, o afirmaciones similares que completen la efectividad del tapping.

Luego, continúa haciendo tapping en tu frente y en el área del lado del ojo. Esto será extremadamente rejuvenecedor. Puedes hacer tapping justo en el entrecejo, donde se encuentra el tercer ojo, debajo de las cejas, justo debajo de la nariz y en la barbilla. Sigue diciendo todas esas cosas maravillosas que deseas lograr a través de tu sesión de tapping. Concéntrate y sé detallista, ya que estarás manifestando tus intenciones. Cuanto más concentrado y detallado estés, mejores serán los resultados. No te olvides de hacer tapping en la parte superior de la cabeza, así como en el cuello, el pecho y las axilas. Esto ayudará a que tu energía fluya, liberando cualquier barrera. Sólo unos minutos al día marcarán la diferencia.

ABSORCIÓN DE LA ENERGÍA NEGATIVA

APARTE DE LAS TÉCNICAS DESTINADAS A ELEVAR TU FRECUENCIA vibratoria, también deberías centrarte en cómo absorber cualquier energía negativa o estrés de tu aura. No hace falta decir que hay energía negativa fluyendo alrededor, bloqueando tu crecimiento, alegría y prosperidad. ¿Cómo puedes lidiar con eso? ¿Te conformas con el hecho de que hay buenos y malos en el mundo?

Está en tus manos resguardar tu hogar y limpiar cualquier energía negativa que se haya acumulado todo este tiempo. Una buena manera de hacerlo es lanzando un hechizo de agua salada. Lo que necesitas es cualquier tipo de sal, junto con un frasco. Vierte ¼ de taza de sal en el frasco y luego toma agua caliente y viértela para que la sal se derrita. Mientras lo haces, repite tu intención: *"Estoy haciendo esta agua salada para limpiar cualquier energía negativa de mi casa".* Toma una cuchara y remueve bien para que la sal se disuelva por completo.

Cuando el agua se vuelva transparente, estará lista. Por supuesto, necesitas tener alguna etiqueta para poner en el frasco. Anota la fecha, para que puedas llevar un control de tus progresos. Junto con la fecha, también puedes escribir el propósito de tu hechizo. Repite tus intenciones a lo largo del proceso y sé lo más específico posible. *"Estoy haciendo esta agua salada para limpiar la negatividad dentro de mi casa, alejar todo el miedo que nos rodea y ser libres",* o algo así.

Después de un mes, obtendrás los resultados de este hechizo. Cualquier energía negativa se habrá mostrado como una banda alrededor del frasco. El agua se habrá evaporado y se habrán formado cristales en el fondo. De esta manera, cualquier negatividad es absorbida por este hechizo, en lugar de dispersarse por tu casa. Es interesante llevar la cuenta de la formación de los cristales, en comparación con la forma en que te sientes. Por ejemplo, si acabas de tener una pelea en tu casa, revisa el frasco al día siguiente. Te sorprenderá de lo que ves.

5

CÓMO CREAR UN CAMPO DE FUERZA IMPENETRABLE

Proteger tu energía es de suma importancia, porque de lo contrario toda tu vida carecerá de equilibrio. Estás rodeado de un campo electromagnético que determina todos los aspectos de tu ser. Sin embargo, hay varias amenazas omnipresentes que requieren tu máxima atención. Incluso cuando menos lo esperas, puedes ser atacado por aquellos que desean socavarte. Nunca debes bajar la guardia, a menos que quieras correr el riesgo de que tu energía se vea comprometida.

Cuando te duermes, tu conciencia se aleja lentamente. Esto deja paso a los que desean perjudicarte. Los resultados pueden ser desastrosos, incluyendo un sueño intranquilo, malos sueños, experimentar miedos colectivos, falta de descanso y tantas otras cosas negativas. Si estás decidido a salvaguardar tu energía, debes hacerlo las 24 horas del día. Dormir no es una excepción. Así que es imperativo que planifiques tu estrategia de forma holística, sin dejar nada sin cubrir.

Uno de los mejores métodos para crear un campo de fuerza impenetrable de defensa a tu alrededor es utilizar la protección psíquica con piedras preciosas, cristales y amuletos. Hay artículos que tienen poderes tan grandes, que son capaces de absorber cualquier vibración negativa y protegerte a ti y a tu hogar. Además, existen bastantes técnicas diferentes para que puedas mejorar tu aura y expandirla aún más. Hay meditaciones específicas, mantras, visualizaciones y rituales que tienen como objetivo fortalecerla, manteniéndola protegida en todo momento.

Por la noche, prepárate para un sueño reparador. Puedes llevar un collar de piedra lunar para mantenerte protegido. Limpia la energía de tu habitación a menudo, sin permitir que la energía estancada interfiera en tu equilibrio interior. Completa el día con una afirmación positiva, estableciendo tus intenciones para una noche tranquila y serena. Utiliza aceites esenciales que puedan ser calmantes y te permitan tranquilizarte y prepararte para ir a la cama.

Por último, aprende cómo puedes conectar con la energía de los arcángeles para que te protejan. Arcángeles como Miguel y Uriel son ideales en tus esfuerzos. Miguel es tu aliado en la batalla, por lo que debes invocarlo cuando necesites luchar. Uriel protegerá tu ser espiritual, salvaguardando tus percepciones divinas y tu inspiración. Aunque los arcángeles siempre velan por ti, protegiéndote desde arriba, siempre puedes pedirles ayuda para asegurarte de que tu protección es realmente a prueba de balas

TÉCNICA DE EXPANSIÓN DEL CAMPO DEL AURA

AL APRENDER A EXPANDIR TU AURA, DOMINAS EL ARTE DE protegerte de cualquier negatividad. Tienes que averiguar cómo puedes crear un poderoso campo de energía, que te va a proteger contra las personas negativas y cualquier cosa que pueda comprometer tu bienestar. Por supuesto, este campo energético no es perpetuo. Al contrario, debes asegurarte de recargar esa energía una vez al mes. Es aconsejable llevar un registro de tus sesiones de expansión del campo del aura, para que identifiques cuándo es el momento de reforzar tu defensa una vez más.

Lo que tienes que hacer es doblar las rodillas y sentarte sobre las pantorrillas, con la espalda recta. De este modo, sentirás la tensión en las pantorrillas, los muslos y las piernas. Cuanto más practiques esta posición sentada, más cómoda te resultará. Coloca las palmas de las manos sobre el regazo, mirando hacia abajo. Respira profundamente y repite hasta que te sientas relajado. Permítete relajarte en esta posición, equilibrando tus energías.

Concéntrate en su respiración y asegúrate de exhalar con más fuerza; esto se llama "respiración de fuego". Debes sentir que exhalas y visualizar cómo tu respiración expande tu aura desde el interior. Al hacerlo, creas tu propia realidad. Lenta pero constantemente, sentirás que tus palmas generan calor. Sentirás que tu frente está a punto de explotar de energía.

Mientras visualizas esta energía, dale forma de escudo protector a tu alrededor. Deja que se solidifique y que se mantenga uniforme en todas las partes de tu cuerpo. Después de completar este proceso, siéntate cómodamente y date cuenta de lo que acaba de suceder. Sentirás tu cabeza ligeramente más pesada. Habrá un aura expandida a tu alrededor, que no podrás describir en detalle. Sin embargo, sentirá la diferencia.

Cómo protegerte del mal de ojo

EL MAL DE OJO ES MUY PODEROSO, YA QUE REFLEJA LA ENERGÍA negativa de una persona que es enviada hacia ti. Puede ser lanzado tanto a adultos como a niños. Un niño que ha sufrido el mal de ojo se volverá irritable y no dejará de llorar. En un adulto, los síntomas varían mucho e incluyen fiebre, dolores corporales, dolores de cabeza y otros signos parecidos a la gripe. Una sensación general de malestar y de no poder evitar que ocurran cosas malas te rodeará.

¿Cómo sabes que has sido víctima del mal de ojo? En primer lugar, lo sabrás. Las cosas comenzarán a desmoronarse muy rápidamente, a menudo sin ningún indicio de lo que va a suceder a continuación. Debes asegurarte de estar protegido en todo momento, debido a la gravedad de este fenómeno. Es mucho mejor estar seguro que lamentar. La protección es mucho mejor que la cura, después de todo.

Lleva tus amuletos o un talismán que represente el mal de ojo. Asegúrate de encontrar algo que te atraiga, para llevarlo siempre encima. Este tipo de joyas absorberá el poder del mal de ojo. Después de entrar en contacto con el mal de ojo, el amuleto se romperá o se deshará. Si se cae al suelo, no lo recojas nunca. Sustitúyelo lo antes posible, ya que lo más probable es que sufras ataques similares en el futuro.

Si no conoces la intención de una persona que te felicita por algo, analiza sus palabras. Si te desean salud, felicidad, prosperidad o buena fortuna, pero nunca se refieren a que Dios te bendiga con todo eso, entonces debes estar atento. La mejor manera de protegerte es rechazando por completo su energía: *"Rechazo cualquier energía negativa que me envíes."*

Por último, una palabra de precaución. Aunque debes sentirte libre para hacer exactamente lo que quieras en la vida, esto no significa que no debas tener cuidado. Al exponer tu felicidad y tu éxito al mundo, estás invitando al mal de ojo. Desgraciadamente, el mal no es infrecuente. No expongas a los demás cosas que puedan desencadenar celos, envidia e ira. Guárdate esas preciosas experiencias para ti y para aquellos a los que aprecias.

ABRIR TUS CANALES ESPIRITUALES

A ESTAS ALTURAS YA SABES LO IMPORTANTE QUE ES MANTENER UN campo energético saludable dentro de nuestro cuerpo y a nuestro alrededor. Si estás decidido a aprovechar al máximo tu energía, debes abrir tus canales espirituales para que fluya a través de ti. El primer canal energético se encuentra bajo tus pies. Imagínatelo como una gruesa capa de luz blanca, bajo tus pies y posiblemente bajo la superficie de la tierra. A continuación, el siguiente canal de energía se encuentra alrededor de tu ombligo y de la zona del plexo solar. Avanzando, el siguiente canal es tu corazón y por encima de él está tu garganta. Tu tercer ojo es obviamente otro canal de energía dentro de tu cuerpo. Por último, está el centro de la coronilla, justo encima de la cabeza.

Empieza por sentarte en un lugar cómodo, sin distracciones. Libera las tensiones y deja ir tus pensamientos. Tienes que estar presente y apreciar el momento. Concéntrate en cada respiración, manteniendo el cuerpo centrado y totalmente relajado. Debes ser consciente de tu presencia. Cuando hayas establecido esta conexión, dirige tu atención al primer canal de energía. Dirige esta energía blanca y pura hacia ese centro. Para obtener mejores resultados, puedes cantar "ohm", "amén" o "ah" al mismo tiempo.

Lentamente, pero con constancia, mueve la energía hacia tu segundo canal energético. Concéntrate en esa parte de tu cuerpo, entre el ombligo y la zona del plexo solar. La luz blanca ha inundado esa zona. Continúa cantando. Siente las vibraciones, como respuesta a los sonidos que estás emitiendo. Visualiza la energía como una flor que se abre y mueve la energía hacia el siguiente canal energético. Observa tu corazón mientras se llena de esa luz pura, antes de transferir la luz aún más arriba, a tu garganta. Canta de nuevo, mientras la energía se mueve hacia el tercer ojo y finalmente hacia tu corona.

En ese momento, la energía habrá volado a través de ti y se colocará justo encima de tu cabeza. Dispérsala en el universo, mientras continúas relajado y cantando. Respira profundamente y experimenta una apertura única. Puedes repetir esta sesión a diario y siempre que lo desees para aumentar tu conciencia del ser físico y espiritual.

PROTEGERTE DE LA ENERGÍA NEGATIVA

. . .

ESTE ES UN SENCILLO EJERCICIO PARA PROTEGERTE DE LA ENERGÍA negativa, que puedes practicar antes de acostarte. Concéntrate en el centro de energía de tu corazón y respira profundamente. Es mejor que coloques las dos palmas de las manos contra tu corazón, mientras lo haces. Llena tu estómago al inhalar y exhala profundamente. De este modo, conseguirás centrarte y alinearte. A continuación, imagina una luz blanca de energía alrededor de tu cuerpo. Esto es como un campo de fuerza de energía blanca pura que te protege. Aunque parezca sencillo, funciona muy bien para crear un escudo protector para ti.

Otra cosa que debes tener en cuenta es que puedes decir "no". No absorbas la energía negativa, no la interiorices, no te dejes consumir por eso. Simplemente evita que te absorba un vórtice de negatividad. Permítete dejar ir las cosas que no sirven a tus propias necesidades. Estás en tu derecho de construir ese muro y evitar que otros lo penetren, a menos que te parezca bien. ¿Por qué dejas que esos pensamientos negativos se introduzcan en ti, drenando tu energía y haciéndote sentir aletargado?

Además de rechazar los pensamientos tóxicos y negativos, tienes la capacidad de controlar lo que cada cosa significa para ti. Por ejemplo, digamos que te han despedido del trabajo. Esto es sin duda un factor de estrés, ya que representa un gran cambio en tu vida. Sin embargo, tienes la oportunidad de pensar en ello como algo que abre todo un mundo nuevo de posibilidades. Quizá lleves demasiado tiempo estancado en ese trabajo. Encuentra el lado bueno de este incidente, para centrarte en él. Está en tus manos convertir incluso las peores situaciones en grandes oportunidades de crecimiento futuro.

Siguiendo con el tema, no hay nada malo en poner límites y crear distancia con la gente que te rodea. Es cierto que muchas personas buscan un hombro sobre el que llorar, una persona a la que acudir en momentos de necesidad. Aunque esto es noble, no puedes ser esa persona las 24 horas del día y esperar prosperar en tu propia vida. Como tienes mucho más que dar, es justo que mantengas algunos límites, siendo estricto con lo que los demás pueden obtener de ti. De lo contrario, siempre estarás distraído y acabarás perdiendo tu propia identidad.

Las confrontaciones pueden convertirse en un gran aliado tuyo, aunque hayas llegado a evitarlas por completo. No estoy diciendo que debas anticiparte a las discusiones. Sin embargo, hay momentos en los que necesitas hablar con la persona que te ha estado arrastrando y explicarle cómo te sientes. No tengas miedo de las repercusiones. De hecho, esto puede formar parte de tu plan de salida para ellos. Si te cuesta sobrellevar el carácter de una persona, si tienes una relación tóxica en casa o en la oficina, debes afrontarlo. No rehúyas el reto. Háblalo y resuelve el problema, o sal cuando puedas.

¿Y LOS VAMPIROS PSÍQUICOS?

LOS VAMPIROS PSÍQUICOS SON PERSONAS QUE ABSORBEN LA energía de otras personas. Lo hacen porque no creen en su propia capacidad para conseguir lo que quieren en la vida. Así que la única manera de conseguir lo que desean es drenarlo de los demás. Debes ser consciente de que son débiles, indefensos y carecen de conexión con su ser espiritual. De hecho, lo que te hacen es una consecuencia directa de su ignorancia divina. Por lo tanto, no debes caracterizarlos como malvados.

Cuando te rodeas de tales personas, empiezas a tener pensamientos negativos. Como resultado, te sientes agotado de tu energía. No puedes hacer frente a los desafíos y te privas de una vida sana y feliz. Ahora, tómate un momento y piensa por qué estas personas entran en tu vida en primer lugar. Tal vez quieras ser el "chico bueno", de ahí que elijas estar rodeado de aquellos que necesitan tu ayuda. La Ley de Atracción funciona así. Así que aunque hayas pensado en los vampiros psíquicos como tu opuesto exacto, no lo son.

Dicho esto, debes mantenerte alejado de ellos. Son engañosos, hacen lo que sea para llamar la atención, causan culpa y defienden su posición contra ti sin importar lo que sea. No confían en nadie y muchos de ellos son disociativos. Contrariamente a la creencia común, ellos también sienten que se les drena su propia energía. Pero lo más importante es que no se salvarán, a pesar de tus intentos por salvarlos.

Una trampa en la que no debes caer es creer que necesitas que te protejan. Esto te hará sentir como una víctima. En su lugar, necesitas crear una burbuja blanca de luz que eleve tu vibración, impidiendo que el vampiro psíquico te afecte. Ya que los privas de su fuente de energía, lo más probable es que se vayan voluntariamente y nunca miren atrás. Hazte más fuerte, para que no se alimenten de tu debilidad.

CRISTALES Y PIEDRAS PRECIOSAS PARA LA PROTECCIÓN

Los cristales son elementos poderosos que se remontan a la antigüedad. Algunos tienen 1.000 años de antigüedad y están cargados de propiedades excepcionales que van mucho más allá de lo que se podía imaginar. Hay cristales que han sido moldeados a partir de minerales, así como piedras preciosas y gemas de diversas formas y tamaños. Los hay de multitud de colores y algunos son absolutamente impresionantes. Se pueden encontrar cristales diminutos y otros gigantescos que ni siquiera se pueden coger con la palma de la mano.

Cuando se trata de la curación espiritual y la limpieza de la energía negativa que flota en una habitación, los cristales son extremadamente útiles. Por su composición y gracias a su antigüedad, son capaces de absorber gran parte de la toxicidad que hay en el mundo. Como resultado, pueden absorber la energía negativa que se encuentra en tu hogar. No importa si esta energía ha sido causada por entidades, por objetos o por maldiciones, los cristales pueden eliminarla. Puede llevar tiempo y puede dañar los propios cristales. Sin embargo, harán lo necesario para que te deshagas de la negatividad que te ha estado arrastrando en tu propio refugio personal.

- Turmalina negra: Protege tu cuerpo físico y es altamente desintoxicante. Como funciona mejor a nivel local, se aconseja tenerla cerca de ti en todo momento. Este cristal tiene una gran energía, que no se ve comprometida por el proceso de absorción de energía negativa de tu entorno. La turmalina negra se considera una piedra de protección, purificación y limpieza.
- Obsidiana negra: Técnicamente, la obsidiana negra no es un cristal. Es un cristal volcánico, creado a partir de la lava caliente que sale del volcán. ¿Puedes imaginar su poder? Al haber nacido a través de los elementos del agua, la tierra y el fuego, se trata de un objeto realmente poderoso para la protección. Es increíblemente absorbente y te protege del agotamiento emocional. Se le llama la gema de la verdad, porque aclara tus pensamientos y te muestra tus puntos fuertes.
- Gabro índigo: El cuarzo, el feldespato y los minerales crean el Gabro Índigo, este asombroso cristal que es altamente programable y te permite recibir la energía que más necesitas en cada momento. Obtienes una gran protección contra las frecuencias electromagnéticas, así como contra las entidades. Otra maravillosa propiedad es que este cristal es capaz de transmutar la energía que absorbe.
- Shungite: hay diferentes tipos de shungite, todos ellos compuestos por un 99% de carbono. Los fullerenos son elementos del carbono, que ofrecen a esta piedra sus propiedades curativas y protectoras. Además de absorber la energía negativa, la piedra de Shungite también es

capaz de absorber cualquier energía perjudicial que se encuentre dentro de tu aura.

- Amatista: La amatista es espiritualmente edificante y está conectada con la energía de la llama violeta. Al tener amatista en casa, ayudas a crear un ambiente que es seguro y espiritual. Te ayuda a estar protegido del daño espiritual y te permite calmarte, relajarte y desestresarte. Esta piedra absorbe la energía negativa y transmuta gran parte de ella.

- Lapislázuli: El lapislázuli es otra piedra maravillosa, protectora a nivel psíquico. Si tienes la más mínima sospecha de haber sido blanco de la magia negra, es un elemento poderoso al que aferrarte. También promueve la caridad de la mente, que es inestimable en los casos de ataques psíquicos y pensamientos negativos enviados hacia ti.

- Cuarzo ahumado: Este cristal es extremadamente protector contra las frecuencias electromagnéticas, las entidades y las maldiciones. Es altamente absorbente y su rango de protección es bastante amplio. Cuando tengas problemas, o te encuentres en una situación dolorosa, el cuarzo ahumado te ayudará a recuperarte.

- Halo rosa: También se conoce como sal del Himalaya. Es un cristal extremadamente poderoso, utilizado para la protección dentro de tu casa y alrededor de ella. Como purifica tu entorno y lo limpia de negatividad, también puede ser una gran adición a tu entorno de trabajo.

Como puedes ver, estos poderosos artículos pueden absorber la energía negativa y protegerte de ella. Tu casa es un lugar mejor y más seguro gracias a ellos. Sin embargo, con el tiempo se vuelven menos eficaces. Esto tiene sentido, ya que absorben cualquier cosa tóxica. Así que debes asegurarte de limpiarlos regularmente, restaurando su composición inicial. Puedes limpiar los cristales y las piedras preciosas mediante varias técnicas.

Una de las técnicas más fáciles y eficaces es limpiarlos con agua corriente. Lo mejor es que salgas al exterior en busca de agua corriente. Aun así, incluso en casa puedes utilizar agua del grifo y dejar los cristales en remojo durante al menos un par de minutos. Otra opción es limpiar los cristales y las piedras preciosas con sal marina. Sólo tienes que añadir una cucharada de sal marina a un vaso de agua. Coloca tus cristales dentro y déjalos toda la noche. Por supuesto, puedes utilizar sal seca y cubrir las piedras con ella. De nuevo, déjala toda la noche para una limpieza completa. Por último, puedes utilizar un cuenco tibetano. Si los cristales y las piedras preciosas son lo suficientemente pequeños para que quepan, colócalos dentro. Si no, puedes poner el cuenco tibetano encima de ellos para que vibren y se limpien.

Cuando notes que tus piedras se están desvaneciendo, perdiendo su poder y eficacia iniciales, entonces es el momento de cargarlas. Puedes utilizar las diferentes fases de la luna, dependiendo de tu intención. Por ejemplo, la luna nueva potencia tu intención de crecimiento. Así que aclara tus propósitos y carga tus cristales específicos bajo la luz de la luna. También puedes utilizar la luz del sol. Utilizar las energías del eclipse es otra forma de cargar tus cristales, mientras que también puedes enterrarlos en la tierra durante un tiempo determinado. Todas estas técnicas restauran las propiedades anteriores de tus piedras y te permiten disfrutar de todo su potencial.

Para programar tus piedras, tienes que sujetarlas con la mano izquierda y bañarte en la luz del sol. Puedes hacerlo al aire libre, o si te colocas junto a una ventana. A continuación, debes repetir la siguiente frase "Dedico este cristal a la luz y al amor", para expresar tu deseo de utilizarlo para algo bueno. A continuación, visualiza lo que quieres conseguir mediante el uso del cristal específico. Una vez que hayas manifestado tu deseo, di en voz alta "Dedico este cristal al propósito de..." y completa la frase con lo que deseas. Ya está. Tu piedra ha sido programada para ayudarte en tus esfuerzos.

6

EMBELLECE TU CASA,
EMBELLECE TU EXISTENCIA

Tu casa está destinada a ser tu refugio. Cuando entras por la puerta de tu casa, debes sentirte protegido, seguro y cómodo. Es el único lugar que controlas plenamente, el lugar donde nadie te juzga. En casa, la gente pasa los momentos más felices y relajantes de su vida. Entonces, ¿qué ocurre cuando tu casa está llena de energía negativa? ¿Debes mudarte sin más, o hay alguna manera de deshacerte de esas malas vibraciones y restablecer la paz y el equilibrio?

A veces puede ser difícil incluso detectar la energía negativa en casa. Sin embargo, hay señales de advertencia que no podemos ignorar. Las relaciones tóxicas hacen aflorar el negativismo en todo su esplendor. Cuando esta energía negativa circula por tu casa, atraerá más negatividad. Con el tiempo, la energía negativa se acumulará y te sentirás asfixiado bajo toda esa presión. Además, cuando los miembros de la familia o los compañeros de piso se echan la culpa unos a otros, se crea un desequilibrio de enormes proporciones. La energía negativa bloquea tu visión de reconocer quién tiene la culpa, asumiendo la responsabilidad cuando sea necesario.

Otros signos de energía negativa en tu hogar son las quejas no cesadas, así como las críticas fuertes. En cualquier caso, siempre se puede ver el vaso medio lleno o medio vacío. Cuando hay mala energía, se suele optar por lo segundo. Esto crea un círculo vicioso del que te cuesta salir por tu propio bien. Por último, pero no menos importante, una bandera roja sobre la energía negativa en casa es el desorden. Cuando tu casa está repleta de pertenencias innecesarias, junto con innumerables pilas de documentos, cosas no deseadas de las que no te decides a desprenderte, es lógico que el flujo de energía se vea interrumpido.

Necesitas crear un ambiente positivo y de alta vibración. Como resultado, disfrutarás de tu tiempo en casa, ya sea con las personas que quieres o solo. Embellece tu hogar, para embellecer tu existencia. De hecho, arcángeles como Metatrón y Uriel pueden embellecer tu hogar. Metatrón te ayuda a limpiar cualquier bloqueo o negatividad de tu cuerpo o de tu espacio personal. Uriel es el arcángel de la inspiración y las ideas.

Hay muchas técnicas diferentes que te permiten invocar a los arcángeles. Puedes utilizar la meditación, estableciendo tu intención de llamar al arcángel para que te proteja. Concéntrate en tu respiración, calmando tu mente y dirigiendo tu deseo de conectar con el arcángel a un nivel más profundo. También puedes utilizar ejercicios, mantras y afirmaciones. Cuando consigas establecer tu conexión con lo divino, el arcángel activará tu *"Pilar de Luz de la Ascensión."*

CÓMO DETECTAR Y LIMPIAR LA ENERGÍA NEGATIVA

Como ya hemos dicho, hay varias señales de advertencia que deberían alertarte sobre la presencia de energía negativa en tu casa. Sin embargo, si buscas alguna prueba tangible, puedes experimentar con algunos ingredientes comunes que puedes encontrar en la cocina. A través de estos sencillos experimentos, verás resultados notables que te permitirán comprender dónde hay bloqueos de energía.

Lo primero que puedes hacer es conseguir limones frescos y colocarlos en cada habitación. Asegúrate de que estén a la vista y déjalos durante un par de días. Después, vuelve a comprobar su exterior. ¿Qué aspecto tiene? Si tu casa está libre de energía negativa, entonces notarás que el limón no ha cambiado en absoluto. De hecho, puedes estar seguro de que madurará de forma natural, después de que haya pasado mucho tiempo.

Por otro lado, la energía negativa puede manifestarse a través de puntos negros o sombras en la superficie externa del limón. El limón estará marchito o quizás haya crecido de color verde. En casos graves, también puede estar desfigurado. Si notas estos cambios, entonces sabes que debes purificar la habitación específica donde has colocado el limón. De lo contrario, la energía negativa seguirá envenenando el resto de la casa.

Otra opción que puedes considerar es utilizar un vaso de agua corriente, junto con una cucharada de sal marina y un chorrito de vinagre blanco. Esta mezcla es transparente. Debes colocar el vaso en una habitación y dejarlo durante unos días, incluso simplemente durante la noche. Si el agua permanece transparente, entonces tu habitación no tiene energía negativa. Sin embargo, si hay manchas o si el agua ha cambiado de color, entonces tienes que centrarte en limpiar la energía negativa de inmediato.

El poder del "smudging"

LA QUEMA DE SALVIA TAMBIÉN SE CONOCE COMO "SMUDGING". Se trata de una poderosa técnica, que se introdujo en el mundo en la antigüedad, a partir de poblaciones indígenas que se conectaban con su ser divino a través de rituales ceremoniales específicos. Se ha vuelto muy popular en todo el mundo, gracias a sus increíbles beneficios en la purificación de la energía negativa. Por lo tanto, se pueden utilizar diferentes variedades de manojos de salvia disponibles para comprar con bastante facilidad.

La salvia blanca ha sido considerada como una de las mejores cualidades para limpiar la energía negativa. Sin embargo, en varias partes del mundo casi se ha extinguido. Incluso si no puede encontrar salvia blanca, puede utilizar cualquier otro tipo y obtener los mismos resultados purificadores. No importa la variedad que elijas para tu ritual de emborronamiento, sino cómo lo realices y lo meticuloso que seas mientras purificas el lugar.

Lo que necesitas para proceder a la purificación es un mechero o cerillas, un cuenco a prueba de calor y un manojo de salvia. Coloca el cuenco sobre una superficie firme y enciende el manojo de salvia. En cuanto empiece a humear, puedes purificarte primero de los pies a la cabeza. Después de hacerlo, debes ir a cada habitación en el sentido de las agujas del reloj y dejar que el humo purifique el aire. Deja que se consuma y disfruta de una energía limpia y libre de negatividad en tu espacio.

Es importante tener en cuenta que debe soplar el humo de salvia por todas partes, incluso en los cajones y los armarios. Aquí es donde se guarda tu ropa. Aunque te preocupe que huela a salvia, debes recordar que la llevas puesta todo el tiempo. Como resultado, han acumulado toda la energía negativa de las personas que te miran con mala intención, de las personas que tienen envidia de tu éxito, incluso de completos extraños.

Haz tu propio spray para eliminar la energía negativa

¿No sería estupendo que pudieras hacer tu propio líquido para protegerte de la energía negativa? De hecho, incluso podrías utilizarlo para purificar la negatividad del interior de tu casa, en la oficina y en cualquier otro lugar. Pues bien, la verdad es que hay bastantes recetas disponibles para que experimentes y puedas crear algo poderoso, sin ninguna dificultad. Esta es una sencilla receta de bricolaje que puedes hacer tú mismo, para tener un poderoso aliado en tu esfuerzo por eliminar la energía negativa de tu hogar. No requiere ningún conocimiento técnico y se puede hacer bastante rápido. Recuerda que esta receta no tiene conservantes ni productos químicos de ningún tipo, por lo que deberás renovarla a menudo. Estos son los ingredientes que vas a necesitar:

- Pétalos de rosa (de 4 rosas)
- Salvia (10 hojas)
- Agua (2 litros)
- Una olla para hervir el agua
- Botellas de spray

LLEVA EL AGUA A EBULLICIÓN Y RETÍRALA DEL FUEGO. A continuación, añade los pétalos de rosa y la salvia al agua. Coloca una tapa encima y déjalo reposar hasta que el agua se enfríe por completo.

Cuando retires la tapa, deberías ver que los pétalos de rosa se han vuelto de color rosa claro o blanco. Esto indica que el agua ha absorbido todas sus poderosas propiedades. Utiliza un colador para retirar las rosas y la salvia, de modo que el agua sea fácil de verter en la botella de spray.

Este es un spray totalmente natural, que puedes utilizar donde quieras. Para prolongar su fecha de caducidad, puedes guardarlo en la nevera. La razón de utilizar los ingredientes específicos es que tanto las rosas como la salvia tienen altas frecuencias vibratorias. Por lo tanto, son excepcionalmente eficaces para limpiar la energía negativa. Al mismo tiempo, este spray mejora la vibración de tu espacio personal, elevando tu estado de ánimo y promoviendo que atraigas una vibración más alta.

El agua puede cargarse con el poder de los mantras, para absorber la energía y purificar el entorno. Puedes elegir un mantra para cantar, si quieres aumentar la eficacia del agua en tu spray de bricolaje. El mantra del Señor Shiva es perfecto para eliminar la energía negativa. Si no, puedes colocar tus dedos dentro del agua y establecer tu intención. Repite una afirmación como la siguiente, mientras mantienes los dedos sumergidos en el agua: *"Estoy purifi-cando esta agua, para limpiar cualquier energía negativa."*

Si estás decidido a sacar el máximo partido a tu spray limpiador, también es bueno que lo cargues con el poder de los cristales. La turmalina negra, la selenita, la piedra lunar, el cuarzo rosa, la amatista y muchos otros pueden contribuir a reforzar la eficacia de tu líquido de defensa. Experimenta con los cristales y piedras preciosas de tu agrado, mezclándolos con mantras y afirmaciones para obtener resultados óptimos.

¿Qué incienso usar para limpiar la energía negativa?

En épocas de mucho estrés, cuando las cosas se ven tensas en casa, es importante crear un ambiente agradable y acogedor. Este es exactamente el lugar donde la energía fluye abundantemente, sin que ningún obstáculo se interponga en el camino y forme bloqueos de energía negativa estancada. Los inciensos pueden resultar muy útiles para promover esa transformación positiva en tu espacio personal. Puedes utilizarlos a diario, eliminando cualquier energía negativa de tu refugio.

- Alcanfor: El alcanfor se utiliza a menudo cuando se está enfermo. Gracias a su intenso aroma, abre los senos nasales y ayuda a respirar profundamente. Sin embargo, el alcanfor también es estupendo para limpiar el aire y permitir que la energía fluya sin problemas. Limpia el espacio, haciendo que el área que te rodea sea amigable y acogedora. Además, el alcanfor es bastante curativo.

- Benjuí: El benjuí es otro de los increíbles inciensos que puedes utilizar, con el fin de purificar tu hogar. Cuenta con intensos aromas de vainilla, mezclados con una fragancia similar a la madera. Se puede utilizar para eliminar cualquier entidad negativa, junto con las malas vibraciones y los espíritus negativos. Además de alejar las fuerzas negativas, el benjuí también es beneficioso para la claridad mental.

- Sangre de dragón: El incienso de sangre de dragón se parece mucho a un perfume. No sólo se deshace de las fuerzas negativas dentro de tu casa, sino que también atrae la energía positiva. Así, mientras te deshaces de las cosas que no quieres, también puedes manifestar las cosas que deseas. Además de sus propiedades curativas y de protección contra la energía negativa, es un incienso que protege el amor.

- Frankincense: El frankincense es otro de los maravillosos inciensos que puedes utilizar, ya que ofrece protección contra la energía negativa y purifica. También te permite ser más consciente espiritualmente, al mismo tiempo que eleva tu espíritu y mejora tu estado de ánimo en gran medida. Si estás interesado en potenciar tu clarividencia y estimular tu intuición, el incienso puede hacer maravillas por ti.

- Ámbar: El ámbar es un incienso igualmente poderoso para que lo pruebes, con el fin de sanar tu cuerpo y limpiar toda la negatividad de tu espacio personal. También te ayuda a ganar claridad mental y libera cualquier energía negativa que se haya acumulado y permanecido estancada durante mucho tiempo. Debido a que puede afectar directamente a la energía electromagnética, en griego el ámbar se llama electrón.

- Romero: El romero es el incienso perfecto para que lo uses, en caso de que te acabes de mudar a un nuevo hogar. Es la resina de los nuevos comienzos. Si quieres cambiar un viejo hábito tuyo o emprender una nueva aventura, entonces necesitas quemar romero. Al mismo tiempo, purifica el espacio y proporciona una atmósfera acogedora.

- Sándalo: El sándalo se puede utilizar para promover la

conexión a tierra en tu hogar. Necesitas estar conectado a la tierra y a tu poder. Además de limpiar la habitación de cualquier energía negativa, el sándalo también ofrece una forma de permanecer conectado a la fuente central de energía.

Por supuesto, puedes utilizar cualquiera de estas tres opciones de incienso o mezclarlas. Asegúrate de seguir un ritual diario en el que quemes incienso para purificar tu hogar y elevar tu espíritu.

Uso de aceites esenciales para limpiar la energía negativa en casa

La aromaterapia es un tratamiento holístico que utiliza los extractos de hierbas y plantas, con el fin de estimular las emociones positivas y promover la curación (Camille Noe Pagán, 2018). Los aceites esenciales son de suma importancia para la aromaterapia, ya que ofrecen una gran variedad de aromas que desencadenan diferentes resultados. Puedes utilizar los aceites esenciales con la ayuda de un difusor, o puedes pulverizarlos solos. También puedes aplicarlos sobre la piel o utilizarlos en un relajante baño de sal marina. Cuando difundas los aceites esenciales, cierra las puertas y déjalos funcionar durante unas horas. Limpiarán la energía negativa de tu casa y elevarán tu espíritu de forma natural.

La hierba de limón es un aceite esencial increíble que puedes utilizar para limpiar la energía negativa en casa. Dispersa la negatividad, evita los sentimientos de depresión, desesperación y letargo. La hierba de limón limpia el espacio que te rodea y ofrece grandes propiedades curativas. Además, es interesante señalar que el aceite esencial de hierba de limón limpia los bloqueos del chakra del tercer ojo. Al soltar la energía estancada, puedes avanzar con claridad mental. Puedes combinarlo con sándalo, que es el aceite de la devoción sagrada.

Experimenta con diferentes aceites esenciales, asegurándote de crear una atmósfera majestuosa y positiva en tu hogar. No subestimes el poder de los aromas, que estimulan tus sentidos y favorecen tu conexión con lo divino.

VIERTE SAL EN TU CASA

LA SAL FORMA PARTE DE NUESTRA VIDA DESDE LA ANTIGÜEDAD. La gente en la antigüedad se dio cuenta del valor de este ingrediente especial, que viene del mar y nos acompaña en todo lo que hacemos. Sus propiedades purificadoras son innegables. Por lo tanto, puedes beneficiarte de sus poderosas propiedades y salvaguardar tu hogar.

Deberás utilizar sal fina para proteger tu refugio personal. Empieza por la habitación principal, tomando puñados de sal y rociándolos en todos los rincones. Debes seguir un recorrido en el sentido de las agujas del reloj mientras lo haces, sin dejar ningún rincón de la casa sin sal. Por supuesto, puedes barrer la sal después de un rato.

Al hacerlo, te deshaces de la energía negativa que se ha estancado en tu casa. También purificas y proteges tu espacio personal, así como evitas las visitas que no deseas. Por último, con este ritual atraes la abundancia, la prosperidad y la serenidad a tu hogar. Si tienes miedo al mal de ojo, la sal junto con la pimienta negra mezcladas en un cuenco pueden servir de repelente.

También puedes lavar los objetos que consideres cargados de energía negativa, utilizando agua caliente y sal. Esto ayudará a transmutar la energía negativa. También es aconsejable que utilices sal para eliminar las malas vibraciones de tu cuerpo. Sólo tienes que poner un poco de sal en tu esponja o estropajo y frotar la piel hasta que te sientas relajado.

Como ves, la sal puede utilizarse en una gran variedad de situaciones. Incorpórala a tu rutina diaria y notarás sus notables beneficios en tu vida.

CÓMO LIMPIAR LA ENERGÍA NEGATIVA EN TU CASA

PARA TERMINAR, HAY AQUÍ UNA LISTA CON INSTRUCCIONES rápidas y fáciles de seguir sobre cómo limpiar la energía negativa en casa:

- Smudging con salvia: Enciéndela y espera unos segundos, para empezar a soplar. Al soplar, el humo saldrá y se dispersará en la atmósfera. Hazlo en todas las habitaciones para una limpieza profunda.
- Quemar el incienso de sándalo: Sigue el mismo procedimiento que con la salvia blanca, en el sentido de las agujas del reloj. El sándalo te ayuda a mantener los pies en la tierra, además de su uso curativo y protector.
- Quemar madera de Palo Santo: La madera de Palo Santo tiene una rica fragancia, un poco cítrica y con matices de pino. Es una gran manera de limpiar la energía negativa dentro de tu casa.
- Utiliza un cuenco tibetano o campanas Tingsha: En este caso, utiliza los poderosos sonidos de esos objetos especiales. Ve a cada habitación, en las cuatro esquinas. Los resultados son sorprendentes, ya que estás alineando las energías y utilizando el sonido como un activo vibracional.
- Sal rosa del Himalaya: Espolvorea sal rosa pura del Himalaya en los rincones de cada habitación, centrándote en aquellos en los que sientas que se acumula la energía negativa. Si no, puedes colocar

cuencos con la sal y dejarla allí para que absorba cualquier negatividad.

- Música de meditación: Otra forma de purificar tu hogar de pensamientos y energías negativas es utilizar música de meditación. Es relajante y puedes elegir las frecuencias vibratorias de tu gusto para maximizar los beneficios.

- Albahaca de la India: Simplemente plantando albahaca india en casa, vas a obtener un impulso de energía positiva y protección. En general, las plantas son beneficiosas en tu esfuerzo por alejarte de las entidades negativas.

- Despejar: Asegúrate de tirar todo lo que no necesites realmente. En lugar de acumular, elige lo que despierte la alegría en tu vida y deshazte del resto. Sentirás un alivio inmediato, en cuanto te deshagas de los viejos objetos que han estado ocupando un espacio valioso en tu casa.

- Ordenar: Debes ordenar tu casa y mantenerla limpia. Hay células muertas por todas partes, junto con la suciedad, el pelo y tantas cosas que ensucian la energía de tu hogar. ¡Límpialas!

- Visualiza: La visualización es un maravilloso aliado en tus esfuerzos por mantener tu hogar protegido, lejos de cualquier energía negativa. Ponte en estado de meditación y visualiza una luz blanca encima de tu casa.

- Utiliza los cristales: Ya conoces la importancia de los cristales. Asegúrate de colocarlos estratégicamente por toda tu casa, para que puedan purificar el espacio y absorber la energía que se atasca en los rincones.

- Pide ayuda a tus guías espirituales: Puedes pedir a tus guías espirituales que te ayuden a limpiar tu casa de energía negativa. Acércate a tus queridos difuntos y busca su ayuda en esta noble labor.

- Rocía con el removedor de energía negativa: Utiliza la solución que se ha descrito anteriormente para limpiar tu casa de cualquier energía negativa. Si no la tienes a mano, entonces utiliza aceite esencial de rosa, por su alta frecuencia vibratoria.

- Utiliza limones: Coloca tres limones en un cuenco lleno de agua y déjalos reposar. Si hay negatividad en la habitación, los limones la absorberán y limpiarán el lugar de malas vibraciones. Al mismo tiempo, si colocas limones en una habitación que ha sido contaminada con energía negativa, los limones se desfigurarán.

- Canela en rama: La canela es un gran ingrediente, no sólo para condimentar tu comida. Puedes quemar una rama de canela para eliminar cualquier energía negativa de tu hogar. También puedes comprar incienso de canela y velas aromáticas.

Así es. Mantén esos ingredientes fácilmente disponibles dentro de tu casa, recurriendo a ellos cada vez que sientas que la energía negativa está obstruida en su interior. No es necesario que dediques mucho tiempo a preparar rituales e intentarlo en vano. Siempre que tus esfuerzos estén dirigidos y sean puntuales, tendrán éxito. Experimenta con su uso, ya sea por separado o en combinación con otros. Incorpora estos rituales de limpieza y seguro que notarás la diferencia enseguida.

7

¡LA GUERRA QUE ESTÁS DESTINADO A GANAR!

odos venimos a este mundo con nuestro propio equipaje, seamos capaces de aceptarlo o no. Todos tenemos defectos, y en algún lugar de nuestra historia familiar hay al menos una manzana podrida de la que nos gustaría distanciarnos. En todos nosotros habrá enfermedades, dificultades y cosas a las que sentimos que no podemos sobrevivir. Algunas de estas pruebas podrían ser consideradas como maldiciones, o espíritus malignos que te persiguen sin parar. Otros podrían decir que representan la psicología oscura, reflejando la capacidad de un alma herida para manifestar estas dificultades, como fuente de castigo o venganza.

Dicho esto, no todos estos males provienen de alguna causa maligna sin más investigación. Primero debes descubrir la causa raíz de tus problemas, antes de avanzar en el encuentro con ellos para bien. Recuerda que la fe te ofrece mucho, en términos de equilibrio y estabilidad emocional. Te permite sanar tu cuerpo y tu alma, experimentando un gran confort y una profunda recuperación psicológica. Por lo tanto, necesitas mantener tu fe a lo largo de tus esfuerzos para eliminar cualquier tipo de energías o entidades negativas.

Incluso las sombras más oscuras dentro de ti pueden ser expulsadas, si sigues las instrucciones que se te dan y no te olvidas de protegerte. Es lógico que todas las personas tiendan a enterrar aquellas emociones y experiencias que les han entristecido en el pasado. Estas experiencias traumáticas deben salir a la luz, aunque nos hagan sentir incómodos. Este libro pretende ofrecer un enfoque amoroso para afrontar estas emociones, experiencias y traumas catastróficos.

No importa lo que haya ocurrido en tu vida, tanto en la actual como en la pasada, estás destinado a ganar esta lucha. Aprendiendo a afrontar los retos y a ir a la batalla contra cualquier entidad negativa, parásito o apego, tendrás todas las herramientas que necesitas para triunfar. No importa si has sufrido estas manifestaciones negativas toda tu vida, o si acabas de descubrir el verdadero significado detrás de tu infelicidad. Cree en ti mismo y sigue leyendo, para poder elaborar una estrategia que puedas seguir fácilmente en casa.

DESTIERRA PARA SIEMPRE LAS ENTIDADES NEGATIVAS, LOS PARÁSITOS, LOS APEGOS, LAS MALDICIONES Y LOS MALOS DESEOS

Hay espíritus atrapados entre dos mundos, incapaces de seguir adelante. Se les llama espíritus terrestres y pueden perseguirte, perturbando la energía positiva de tu hogar. Lo que tienes que hacer es ayudar a estos espíritus a ir hacia la luz, limpiando tu lugar de su negatividad. Si te preguntas si caes en esa categoría de tener un espíritu atrapado en tu propio refugio, entonces hay varias señales de advertencia para avisarte. Por ejemplo, puede que veas ventanas que se abren de repente y espejos que se rompen. Puede que escuche ruidos en habitaciones vacías, grifos o luces que se encienden y apagan en tu ausencia.

La herramienta más poderosa para eliminar estos espíritus de tu casa es la salvia. Es extremadamente eficaz, ya que su humo es capaz de eliminar las energías negativas y las saca de tu casa. Se ha comprobado científicamente que al quemar salvia alrededor de tu cuerpo, puedes matar el 94% de las bacterias del aire (Collins, 2016). Esta es una gran hierba, que purifica la atmósfera y te permite sentirte positivo sobre el lugar en el que vives. Desde el punto de vista espiritual, hace maravillas y te ayuda de varias maneras.

Así que lo que tienes que hacer es tomar un cuenco y llenarlo de salvia, después de romperla en trozos pequeños. Ten cuidado de no utilizar palos de salvia. Utiliza un encendedor o una cerilla para prender fuego a la salvia, soplando continuamente para crear humo. Ve de un lado a otro de cada habitación, dejando que el humo se disperse por todas partes. No olvides pasar por todos los rincones, las ventanas y las puertas. Abre los armarios y sopla el humo de la salvia, luego dirígete a la escalera, al ático, a todas partes. Cuando hayas terminado, llena el cuenco con agua fría y sal de la casa, cerrando todas las ventanas y puertas. Después de una o dos horas, vuelve y abre todas las ventanas para que el aire fresco inunde tu casa. Con suerte, los espíritus terrestres se habrán ido hace tiempo.

¿Has sufrido alguna vez un parásito físico? Tal vez hayas comido algo y un parásito se haya colado dentro de ti, causando efectos secundarios. Los apegos espirituales son parásitos de naturaleza no humana, entidades que no quieren abandonar este espacio. Pueden ser incluso implantes extraterrestres. No quieren seguir adelante con lo que les espera, ya sea porque se sienten culpables o porque tienen miedo. Por supuesto, pueden ser ateos que no creen en un poder superior. Por lo tanto, están atrapados aquí. Desafortunadamente, eres vulnerable a tales entidades en un número de casos diferentes. Puedes estar intoxicado, o puedes tener relaciones sexuales con una persona que tiene uno de estos apegos, o puedes estar en un estado verdaderamente emocional.

Los cristales también pueden ayudarte en tus esfuerzos por eliminar las entidades y la energía negativa de tu hogar. Una amatista, un cuarzo rosa, un cuarzo ahumado y otros deben colocarse en el alféizar de la ventana o en una esquina de tu habitación. Aplaudir es otro método que te permite eliminar esos espíritus negativos. Basta con aplaudir en todos los rincones de tu casa, ayudando a que la energía estancada se desatasque. Además, puedes colocar sal marina en un cuenco y luego sobre ella puedes añadir un cristal grueso. Déjalo reposar toda la noche y luego limpia el cristal con agua pura. Esto ayudará a liberar el exceso de energía negativa.

Por último, pero no menos importante, puedes optar por utilizar una poderosa oración para eliminar esos espíritus negativos de tu casa. Una oración es tu comunión con Dios, con el poder superior. Necesitas permanecer en liberación, para comunicarte con ese poder superior y buscar ayuda para deshacerte de esas entidades. Invoca lo que crees, alabando al Señor y expresando tu gratitud: "*Dios, tú eres el principio y el fin, tú eres el alfa y el omega, tú eres la luz omnipresente. Tú eres mi creador. Te adoro, te doy las gracias por mi vida. Te pido Dios, todopoderoso. Por favor mi Señor, eleva el espíritu de mi querido hermano y hermana. Eleva su espíritu a otro nivel. Te lo ruego con todo mi corazón*".

De esta manera, encontrarás que tu comunicación genuina con el poder superior ha hecho que estos espíritus se vayan. Por supuesto, puedes usar tus propias palabras en tus oraciones. De hecho, puedes hablar directamente desde tu corazón. Di lo que quieres expresar con tus propias palabras, reflejando lo que sientes por tu creador, el creador de todas las cosas.

LIMPIEZA DE VIDAS PASADAS

TODOS HEMOS VIVIDO EN EL PASADO, PERO LA MAYORÍA DE nosotros no podemos recordar. ¿Por qué ocurre esto? En primer lugar, es nuestra limitada perspectiva de un mundo tridimensional la que nos impide ver el panorama más amplio. Luego, es la misericordia divina la que nos impide recordar todo con detalle. Después de todo, es muy probable que en nuestras vidas pasadas hayamos hecho cosas terribles. Así que estamos blindados con un velo de olvido, que nos permite empezar de nuevo. Por último, es nuestra conciencia la que ha englobado lo mejor de nuestras vidas pasadas y nos guía para actuar basándonos en el amor.

¿Puede alguien recordar sus vidas pasadas? Por supuesto que sí. Es importante mantener la calma durante todo el proceso, sentándote en algún lugar cómodo con las cortinas cerradas y las luces tenues. Mantente alejado de cualquier dispositivo electrónico, incluido el teléfono. Evita cualquier distracción, por lo que elige un momento del día en el que ya te hayas relajado de los ecos de tu ajetreado estilo de vida. Utiliza ruido blanco u otros sonidos relajantes, olas o cascadas.

Ahora túmbate, pon los brazos a ambos lados y visualiza una luz blanca que te rodea. Concéntrate en todas las partes de tu cuerpo, sintiendo que la luz las protege con su presencia pura y poderosa. Repite afirmaciones positivas sobre la luz blanca, como por ejemplo: *"Estoy respirando la poderosa energía, estoy protegido por ella."* Imagina que tu aura cambia de color, mientras se expande.

Estás listo para comenzar tu viaje. Imagina un largo pasillo, con una puerta al final. Observa cada detalle. Tenlo en cuenta, ya que podrás volver a hacer el mismo viaje en el futuro. Cuando abras la puerta, experimenta lo que encuentras. Siente la energía, escucha los sonidos, nota los olores, las texturas, todo lo que puedas recordar. Cuando estés preparado para volver, empuja la puerta suavemente. Recibe ese recuerdo de tu vida pasada sin juzgarlo. Utilízalo como referencia y agradece la experiencia.

Utilizando tu fecha de nacimiento, puedes ver las características de tu alma basadas en tus vidas pasadas. Primero recuerda el número de tu mes de nacimiento. Por ejemplo, mayo es 5. Sin embargo, si naciste en noviembre, entonces sumarás los dígitos del 11 y obtendrás el 2. Recuerda ese número. A continuación, avanza con el día en que naciste. De nuevo, si naciste el día 2, lo mantendrás como está. De lo contrario, sumarás los números para obtener un solo dígito. A continuación, añade la suma de los números que componen el año en que naciste. Por ejemplo, 1966 debería ser 1+9+6+6=22. Por último, suma los números de tu mes, día y año de nacimiento. Si el resultado es algo que va del 1 al 9, 11 o 22, este es tu resultado.

- #1 Alfa: Eres independiente, concentrado en tus objetivos y rebelde. No sientes la necesidad de complacer a los demás, ya que estás perfectamente bien confiando en tu propia fuerza.
- #2 Pacificador: Formas parte de un equipo, solidario y con ambiciones de evolucionar y ampliar tus conocimientos. Dicho esto, no eres en absoluto egoísta, sino que tienes en cuenta el bien común.
- #3 Creativo: Eres una persona influyente, que inspira a otros a través de su mirada positiva de las cosas para que sigan tu ejemplo y sean más optimistas en la vida.
- #4 Práctico: Eres honesto, justo y fiable. Tu espíritu práctico te ayuda en la vida cotidiana, ya que encuentras soluciones a los problemas y ayudas a los demás a ver con más claridad.
- #5 Espíritu libre: Lo que te impulsa es la libertad, la aventura y la voluntad de explorar nuevos territorios inexplorados. Tu mente nunca deja de soñar en grande.
- #6 Compasivo: Proteges a los demás y amas a la humanidad. Una persona compasiva se preocupa profundamente por el mundo, protegiendo a la humanidad y preocupándose por el futuro.
- #7 Buscador de la verdad: En constante búsqueda de los misterios del mundo, el buscador de la verdad expone las mentiras y se centra en la comprobación de las pruebas.
- #8 Líder: Tienes éxito y quieres llevar a los demás a la gloria. Siempre estás dispuesto a luchar por lo que crees que es correcto junto a tus compañeros.
- #9 Consciente socialmente: Estás dispuesto a sacrificarte por el bien común, ya que es la sociedad la que te interesa proteger más que nada.

- #11 Maestro kármico: Artístico, intuitivo, con un sentido superior de la conciencia, el maestro kármico desarrolla un ojo agudo para los detalles, profundizando en los misterios de la vida.
- #22 Maestro constructor: De mente fuerte, influyes en los demás y los unes bajo un propósito común. Eres una presencia divina en esta tierra.

Al haber vivido tantas vidas, a veces arrastramos un mal karma que nos afecta mucho en nuestro estado de vida actual. Al limpiar el karma de tus vidas pasadas, consigues aliviarte de todas las cosas que te han estado alejando de tus objetivos. El karma puede afectarte de muchas maneras. Por ejemplo, puedes estar luchando por perder peso en vano. Esto puede deberse a que en tu vida pasada habías pasado hambre. Como resultado, este patrón está afectando a tu curación y crecimiento en esta vida.

Para limpiar el karma de vidas pasadas, necesitamos estar totalmente comprometidos con nuestros objetivos de vida actuales. Debemos ser conscientes de nuestras frecuencias vibratorias en todo momento. ¿Dónde consumes tu energía? ¿Haces un buen uso de ella, persiguiendo tus sueños? ¿O tus pensamientos son caóticos y no sirven para nada a tu propósito? Tienes que ser estricto contigo mismo, si quieres dedicarte a la limpieza de vidas pasadas. Tienes que vivir tu propia vida ahora, en lugar de contemplar los complejos y las situaciones problemáticas que surgen del pasado.

Ve en contra de tu programación normal. No importa si te han enseñado eso mientras crecías. Si no está sirviendo a tus necesidades y objetivos, entonces necesitas reprogramarte. Elige conscientemente nuevos pensamientos, nuevas creencias, nuevos sentimientos de optimismo y felicidad. Junto con eso, es imperativo que expreses tus emociones tan pronto como te des cuenta de ellas. De esta manera, puedes desahogarte y sacarlo de tu sistema.

La razón para hacerlo es permitirte hacer el duelo. Nunca se te ha dado esta oportunidad, por lo que debes abrazarla, antes de deshacerte de tu comportamiento disfuncional anterior. El EFT tapping puede ayudarte con eso, así como llevar un diario o decir una oración en voz alta. Finalmente, puedes hacer una liberación de contrato con el comportamiento que no te sirve. Visualiza que cortas el cordón de cualquier cosa que desees cambiar en tu vida. Escribe este contrato o dilo en voz alta.

LIMPIA TU PROPIO CAMPO
ENERGÉTICO PARA DISPARAR TU
ALEGRÍA

Estoy seguro de que estás deseando limpiar tu campo energético. Esto es esencial, si quieres experimentar una vida feliz y próspera. Existen centros energéticos en nuestro cuerpo, que definen nuestra salud y la forma en que nos sentimos. Estos centros energéticos están estratégicamente situados a lo largo de nuestra columna vertebral, creando una columna virtual de flujo de energía desde el suelo hasta el cielo. Reflejan la conexión más profunda e ininterrumpida entre la tierra y el universo. Es eterna y omnipresente. Si quieres alinearte plenamente con la energía cósmica, tienes que asegurarte de convertirte tú mismo en un recipiente de energía.

Sin embargo, en varias ocasiones este flujo de energía se interrumpe violentamente debido a diversas razones. A veces se produce una enfermedad que provoca desequilibrios desde el interior. El estrés y la ansiedad, el miedo a lo desconocido, los sentimientos de duda e impotencia no hacen más que sumarse a este fenómeno de centros energéticos obstruidos que no cumplen del todo su noble propósito. Se atascan, incapaces de permitir el flujo de energía que es esencial para tu propia existencia. Está en tus manos hacerte cargo y restablecer tu equilibrio energético lo antes posible.

En Oriente, los centros energéticos reciben el nombre de "chakras". A continuación, verás cómo limpiar esos chakras y potenciar su funcionalidad. Cada uno de estos centros energéticos se centra en un órgano específico del cuerpo, lo que significa que incluso la más mínima falta de equilibrio tendrá un efecto directo en tu estado de salud física. Es como un valioso engranaje en una rueda. Sin él, la rueda no se moverá y esto será desastroso para toda la estructura mecánica.

Aunque normalmente estos son los siete chakras, también deberías concentrarte en otro órgano de tu cuerpo. La glándula del timo está situada justo debajo del chakra de la garganta, sobresaliendo en el centro del pecho. Al activar el timo, mejoras tu sistema inmunológico y disparas tu energía. Si quieres activar esta glándula, tienes que cerrar los ojos y visualizar que se abre suave y completamente. Imagina una flor floreciendo, con cada pétalo abriéndose lentamente y revelando el impresionante interior. La flor es rosa y se expande con cada movimiento. Se ensancha y llega más lejos con cada respiración que haces.

Por defecto, tu glándula del timo empieza a reducirse de tamaño a los 16 años y sigue reduciéndose con la edad (M, 2019). Puedes revertir ese fenómeno con el poder de tu mente, o al menos retrasar que ocurra. Al visualizar esta expansión de tu glándula del timo, lo más probable es que empieces a sentirla vibrar con más fuerza. Estará pulsando. Con el tiempo, esta glándula te permitirá alcanzar niveles más altos de espiritualidad divina. Serás más receptivo a las iniciaciones, mientras comprendes tu singularidad y la pones en práctica.

Ahora que has activado tu glándula del timo, avancemos con una sesión de limpieza de chakras que te ayude a inundar tu cuerpo de energía pura. Sé meticuloso mientras realizas esta limpieza, ya que necesitarás deshacerte de cada indicio de negatividad de tu cuerpo.

LIMPIEZA DE CHAKRAS

Como sabes, hay siete chakras en tu cuerpo. Representan tus centros energéticos, donde la energía fluye sin problemas y permite que tu cuerpo prospere. Para mantener una salud óptima y el equilibrio entre el cuerpo, la mente y la psique, debes asegurarte de que tus chakras estén limpios. Deben estar libres de cualquier distracción u obstrucción que pueda poner en peligro el flujo suave e ininterrumpido de energía. Por lo tanto, es importante que procedas con un ritual, permitiendo que estos chakras se mantengan abiertos en todo momento. Puedes hacerlo por la mañana o establecer un recordatorio en tu calendario para realizar este ritual semanalmente.

Empezando por arriba, encontramos el chakra de la Corona. Está situado en la parte superior de la cabeza y refleja tu capacidad de conectar con el mundo espiritual. Justo en el entrecejo, se encuentra el siguiente chakra: el chakra del Tercer Ojo. Se asocia directamente con tu intuición y tus poderes espirituales. A continuación está el chakra de la garganta. Es el responsable de tu capacidad para comunicarte con los demás y expresarte. El chakra del corazón está obviamente relacionado con el amor, el aprecio y el afecto.

Siguiendo, encontramos el chakra del Plexo Solar debajo de nuestro pecho. Este es el chakra relacionado con nuestro sentido de autoestima y confianza. El chakra sacro se encuentra debajo del vientre y está relacionado con la sexualidad. Te ofrece una sensación de abundancia y placer. Por último, está el chakra de la raíz. Aquí es donde empieza todo. Este chakra está conectado con nuestra experiencia de enraizamiento, representando nuestros cimientos en la vida.

¿Cómo puedes limpiar tus chakras? Una cosa que deberías hacer es conseguir un cristal de cuarzo ahumado y sostenerlo en tu mano izquierda. Esta es tu mano receptora. Luego, lo que debes hacer es colocar el cristal en cada chakra, repitiendo afirmaciones positivas relacionadas con el centro de energía específico.

- Comienza con el chakra de la Corona, colocando el cristal sobre tu cabeza mientras repites lo siguiente: *"Soy consciente de que recibo la sabiduría que pido siempre"*
- Continúa con el chakra del Tercer Ojo, repitiendo afirmaciones como esta: *"Entiendo que mi intuición es la forma en que Dios se comunica conmigo y me permite ver con claridad"*
- Luego, coloca el cristal en tu cuello para limpiar tu chakra de la garganta, repitiendo: *"Me comunico sin esfuerzo y genuinamente con todos los que me rodean"*
- Pasa al chakra del corazón, manteniendo los ojos cerrados y diciendo lo siguiente: *"Soy Amor, merezco amar y ser amado incondicional y totalmente"*
- Cuando desciendas a tu chakra del plexo solar, debes decir afirmaciones como ésta: *"Siempre tengo la fuerza y el empuje para conseguir los objetivos que me propongo en la vida"*
- Ahora que has llegado al chakra sacro, debes centrar tu afirmación en tu sexualidad: *"Siento deseo, placer, sexualidad y confianza en mí mismo"*
- Como has llegado al chakra de la Raíz, completa tus afirmaciones así: *"Soy abundante en energía y fuerza. Expreso mi ser único de manera perfecta"*

PRACTICAR LA AUTOCURACIÓN MEDIANTE EL *Qi* GONG

EL QI GONG ES UNA ANTIGUA TÉCNICA TRADICIONAL DE ORIENTE que combina la respiración profunda, junto con movimientos específicos y la meditación para lograr resultados óptimos en tu equilibrio interior. Tu cuerpo tiene la capacidad de curarse a sí mismo desde dentro y el Qi Gong opta por potenciar dichas propiedades. A continuación, encontrarás una rutina sencilla pero muy efectiva para energizar tu cuerpo, limpiando tu campo energético y desechando toda la negatividad.

Ponte de pie cómodamente y abre las manos con los codos doblados, como si abrieras las persianas de tu casa. Inhala por la nariz. Al exhalar por la boca, encorva la espalda y la cara hacia el suelo, con los codos casi tocándose. De este modo, aflojas la columna vertebral y creas un pilar de energía. Repítelo de 8 a 10 veces y luego relaja las manos. Ahora, toma las palmas de las manos hacia arriba y agita las muñecas. Este emocionante movimiento abre las vías de energía que llegan hasta las palmas de las manos, comunicándose con el meridiano del corazón. Mientras lo haces, respira profundamente inhalando por la nariz y exhalando por la boca.

Después de repetirlo durante uno o dos minutos, sentirás una sensación de hormigueo. Te has llenado de energía. A continuación, tienes que conectar con la tierra. Desplaza tu peso hacia los talones y experimenta la gravedad. Deja que tu cuerpo se alinee completamente con la fuerza de gravedad, para que la tierra te cargue con su poderosa energía. No olvides mantener las palmas de las manos hacia abajo. Muévelas hacia arriba y hacia abajo, mientras intentas controlar esa energía. A continuación, toma la palma de la mano derecha y colócala delante de tu vientre mirando hacia arriba, mientras que la palma de la mano izquierda está encima y mirando hacia abajo. Debes sentir la energía entre las palmas. Mueve lentamente la palma de la mano izquierda hacia la frente, de modo que crees una conexión entre tu mente y el cuerpo.

Lo que debes hacer después es bajar la palma de la mano izquierda de forma constante, para llegar a todos tus centros energéticos. Debes establecer conexiones energéticas entre tu mente y tu garganta, tu corazón, tu plexo solar y más abajo hasta llegar a un punto en el que tus dos palmas casi se toquen. A continuación, gira las palmas de las manos y sepáralas y júntalas. Esto te permite controlar tu energía por completo. Ahora que has cargado tus manos con esta gran cantidad de energía, puedes canalizarla en las partes de tu cuerpo que sientas más vulnerables. Puedes canalizarla en la nuca, en el pecho o en cualquier otra parte que quieras calmar.

RITUAL MATUTINO PARA LIMPIAR EL AURA

¿QUIERES EMPEZAR EL DÍA CON ENERGÍA, LISTO PARA AFRONTAR cualquier reto que se te presente? Entonces es imprescindible que limpies tu aura, para que restaures el equilibrio de tu cuerpo y disfrutes de sus poderosas propiedades. Todas las mañanas debes levantarte y empezar el día con un vaso alto de agua, infusionado con hojas de menta. También puedes utilizar rodajas de pepino, fruta u otras hierbas y especias para mezclarlas. Hidratarás tu cuerpo y te desintoxicarás de cualquier negatividad. Abre las ventanas, para inundar la habitación con la luz del sol y obtener aire fresco. La energía del sol es impecable.

Pon música de alta vibración que eleve tu espíritu, para complementar tu ritual matutino. Toma madera de Palo Santo, para realizar una purificación de energía limpiadora natural. Quémalo alrededor de tu habitación, mientras piensas en pensamientos felices y positivos. En cuanto bajes, te sentirás muy rejuvenecido por el excitante aroma que desprende. Si tienes una lámpara de sal, puedes encenderla para aumentar la energía positiva en tu habitación.

A continuación, cierra los ojos y medita. Concéntrate en la música espiritual edificante, los sonidos relajantes y los aromas embriagadores. Di lo que agradeces en tu vida. Al expresar tu gratitud, aumenta instantáneamente tu frecuencia vibratoria. Después de completar tu meditación, es hora de limpiar completamente tu aura. Métete en la ducha y deja que el agua pura corra por todo tu cuerpo. Esta es una experiencia altamente terapéutica, que te permite relajarte completamente. Si tienes tiempo, tomar un baño con sal de Epsom es genial para la purificación de tu aura. Sin embargo, si no lo tienes, puedes utilizar sal marina muerta. Se trata de un tipo de sal que tiene magnesio y muchos otros minerales, lo que beneficia a tu piel al eliminar las células muertas.

Termina tu ritual matutino escribiendo tu afirmación positiva en un diario y ponte en marcha para un nuevo y maravilloso día lleno de energía.

LIMPIEZA ENERGÉTICA CON SAL

LA SAL ES UN MINERAL Y UN LIMPIADOR NATURAL. LA GENTE NO puede ni siquiera empezar a imaginar cómo sería su vida sin la presencia de la sal. Siempre está presente en nuestra mesa, cuando compartimos nuestra comida y queremos que sea sabrosa. También nos acompaña en las vacaciones de verano, cuando nos sumergimos en las aguas cristalinas del mar y saboreamos su presencia en la piel y en los labios.

Además de todos los importantes beneficios de la sal, también se utiliza con fines espirituales. Es una de las formas más puras de protección para tu hogar, para ti mismo y para cualquier otro lugar que desees salvaguardar de entidades maliciosas. Puedes limpiar tu casa usando una solución casera hecha con agua, bicarbonato de sodio y sal. Esto no alterará la energía y el equilibrio de tu hogar. Sin embargo, puedes usar la sal directamente para eliminar la energía negativa con su poder, a través de una técnica simple pero efectiva basada en el Feng Shui.

Consigue ¾ de taza de sal gruesa. Luego, coloca 6 monedas de latón I Ching en la sal, en forma circular. Después, consigue agua purificada y viértela sobre la sal. No es necesario utilizar mucha agua, sólo un par de centímetros por encima de la superficie de la sal. Coloca el recipiente en un lugar en el que puedas fijarte fácilmente a diario. Con el paso de los días, verás cómo se va formando un gran cristal. El agua reaccionará con la sal y el latón, creando un impresionante cristal que acabará desbordándose. Según la tradición, este cristal absorbe cualquier energía negativa. Al mismo tiempo, sirve como un excelente estimulante visual de la eliminación de la negatividad de tu hogar o de ti mismo.

Sanación con huevos

¿Estás pasando por un período de gran estrés? ¿Tienes pesadillas? Hay momentos en los que te sientes inseguro o buscas una limpieza profunda en tu hogar. Es entonces cuando debes recurrir a las sutiles pero poderosas propiedades del huevo. Incluso si eres escéptico en cuanto a si va a funcionar o no, no tienes nada que perder. De hecho, te sorprenderás de los resultados.

Cierra los ojos y respira profundamente para relajarte. Mueve el huevo alrededor de la cabeza y frótalo sobre los ojos, detrás de las orejas, en la parte posterior del cuero cabelludo y por la barbilla. A continuación, haz rodar el huevo frente al pecho. Hazlo girar y luego muévelo por cada brazo, por encima del hombro y por las palmas de las manos. Presta mucha atención a esto, ya que tus brazos representan un importante centro energético. Mientras pasas el huevo por cada dedo, puedes mantenerlo dentro de la palma de la mano durante unos instantes. Asegúrate de volver a frotar el huevo en el pecho, a través de las alas de ángel y a lo largo de la columna vertebral.

Avanza con las piernas, concentrándote en las rótulas, los pies y los tobillos. Pasa el huevo por cada uno de los dedos del pie y luego muévelo por las plantas de los pies. Por último, sopla el huevo tres veces. Esto te permitirá liberar tu tensión interna. Durante el ritual de curación con el huevo, debes tener cuidado de no romperlo. Sin embargo, debes estar preparado para el hecho de que el huevo puede pesar mucho más que antes, debido a la energía negativa acumulada. Por eso, a veces, el huevo puede llegar a explotar.

Otra opción es utilizar dos huevos, una vela blanca, un vaso de agua y un poco de sal marina. En primer lugar, enciende la vela blanca y deja que se consuma sola. A continuación, empieza a limpiar tu cuerpo con la ayuda del huevo. Mientras haces esto, debes alabar al Señor y agradecer tus bendiciones en la vida. Pide que todos los espíritus malignos y la negatividad sean absorbidos por el huevo. Una vez que hayas terminado, debes tomar el huevo y romperlo dentro del vaso de agua. Esto te mostrará lo que está mal.

Si la yema llega al fondo del vaso, puedes suspirar de alivio. En cambio, si se queda en el centro o flota en la superficie, significa que los poderes malignos le están afectando. Si hay muchas burbujas alrededor de la yema, entonces se trata de la energía negativa que te hace sentir agotado y aletargado. En caso de que aparezca una figura en el vaso, éste es el objeto de tu preocupación. Si hay bordes puntiagudos en la superficie del vaso, como agujas, representan las entidades negativas que socavan tu bienestar.

Tal vez veas una capa que rodea la yema del huevo. Esto significa que hay alguien que constantemente arroja energía negativa sobre ti. Si observas manchas rojas o negras en la yema, significa que te encontrarás con enfermedades en tu vida. Una yema turbia suele significar que has sido víctima del mal de ojo. Cuando hayas terminado de observar la yema, añade sal marina y tírala por el retrete.

9

LO QUE ESTÁ DENTRO, SE CONVERTIRÁ EN UNA REALIDAD EN EL EXTERIOR. HAZ QUE LO QUE HAY DENTRO SEA HERMOSO

En esta sección del libro, estás listo para crear una nueva realidad desde tu interior, para que puedas proyectarla al mundo. Hay técnicas como el EFT tapping, TRE, mantras, meditación y mucho más que pueden ayudarte a cambiar tu mundo. Necesitas desconectarte del ego para despejar el espacio, para que la energía negativa no pueda autocrearse y contaminar el mundo. Limpiar los viejos condicionamientos que crean energía negativa es de suma importancia, si quieres afectar al universo de forma positiva.

Hay un mundo completamente nuevo ante tus ojos y tienes el poder de moldearlo exactamente como quieres, inculcado con las cualidades de tu ser superior. Este mundo será cariñoso y aceptante. No estará envenenado por la negatividad que se deriva del egoísmo, la venganza, la envidia y los celos. En su lugar, promoverás la felicidad para cada ser en esta tierra. Tienes el poder de lograr todo eso, si simplemente manifiestas lo que hay dentro de tu alma. Hazlo hermoso, para que el mundo pueda ver tu obra maestra. No hay limitaciones en cuanto a cómo dar forma a tu realidad. Usa tu imaginación y haz exactamente lo que quieras hacer, asegurándote de que el resultado final esté alineado con el cosmos. Descubre cómo expresarte mejor, creando el mundo que te rodea de una manera que te haga feliz. Será un viaje fascinante.

Utiliza las herramientas que más te atraigan para dar forma a tu interior de manera que inspire a otros a seguir tu ejemplo. Las técnicas que compartimos a continuación son autoaplicables, lo que significa que puedes hacerlas por ti mismo. Son fáciles de seguir y te introducen en diferentes enfoques holísticos de la curación energética. El EFT tapping se basa en la creencia de que tu energía se calma y se redirige a través del golpeteo en los puntos de acupresión de tu cuerpo. Se trata de los puntos meridianos, que incluyen muchos puntos diferentes alrededor de la cabeza, en la coronilla, debajo de las axilas, delante del pecho y en el exterior de las palmas de las manos.

Por otro lado, la TRE es una herramienta fácil para que liberes traumas y energía atrapados dentro de tu cuerpo. Esta técnica puede utilizarse para devolver a tu sistema nervioso un equilibrio estable, haciendo espacio para que alcances frecuencias vibratorias más altas. Ya sabes lo importante que puede ser para ti hacerlo, ya que toda la negatividad está relacionada con la baja vibración. Al encontrar una manera de evitar esto, tratas eficazmente el fenómeno de atraer situaciones negativas a tu vida.

EFT TAPPING PARA ELIMINAR LA NEGATIVIDAD

¿Has considerado alguna vez hacer del mundo un lugar mejor a través de tus propias acciones? El EFT tapping puede ayudarte con eso, energizando aquellas partes de tu cuerpo que eliminan la negatividad y promueven la felicidad. Deberías asumir toda la responsabilidad de tu propia alegría, con la contribución activa de las sesiones de tapping. Lo que puedes hacer es empezar a hacer tapping en la parte externa de la palma de la mano, mientras repites afirmaciones positivas que desechan la negatividad del mundo. Puedes seguir haciendo tapping en varios puntos de la cara (la zona bajo los ojos y en su lado, el tercer ojo, el labio superior y la barbilla, los pómulos y la frente). A continuación encontrarás un guión típico para limpiar la negatividad del mundo:

"Aunque haya negatividad en el mundo, elijo ser feliz y positivo. Me acepto completamente, me quiero y me honro. Aunque a veces encuentro negatividad, elijo no difundirla en el mundo que me rodea. En su lugar, elijo difundir la felicidad. Me doy permiso para ser feliz, aunque haya maldad y negatividad en el mundo. Eso no me afecta. La gente negativa no me afecta. Yo les afectaré a ellos, haciendo que se deshagan de su propia negatividad, difundiendo la felicidad aún más. Aunque me expongo a las vibraciones negativas, elijo no difundirlas. Las elimino con ayuda de los demás y sigo siendo feliz. Comparto amor, afecto, alegría y positividad con el mundo."

Hay momentos en tu vida en los que te sientes consumido por los vampiros de energía. El tapping de EFT puede ayudarte a lidiar con esta experiencia negativa, si ajustas tu guión en consecuencia. Mientras mueves los dedos por los distintos puntos de los meridianos alrededor de tu cabeza y cuerpo, repite algo así "Me amo y me honro a mí mismo, aunque haya vampiros chupando la energía de mi cuerpo. Es mi elección no dejar que me drenen la energía, sigo amándome y aceptándome. Aunque estas personas se interpongan y me impidan hacer las cosas que quiero en mi vida, me acepto y me amo profundamente. Mi intención es mostrar a estos vampiros energéticos la manera de vivir sin absorber mi energía y deprimirme. Tengo que soportarlos, aunque me hagan sentir impotente. Mi elección es reclamar mi energía y el poder que poseo, para dejar de ser la víctima en esta situación".

Otro enfoque sería utilizar el protocolo de EFT energético, mientras se invoca el poder y la protección angelical. Tus pies deben estar tocando el suelo, asegurando que tienes energía superior fluyendo a través de ti. Para ayudarte en tu sesión, puedes invocar a los arcángeles de tu elección. Puedes invocar al arcángel Miguel, al arcángel Zadkiel y a su propio ángel de la guarda. Coloca las dos palmas de las manos frente a tu pecho, justo en el centro de tu corazón. Respira profundamente para mantener la serenidad y el equilibrio interior.

Una vez que te sientas totalmente relajado y en sintonía con tu energía, coloca la palma de la mano derecha en diferentes partes de tu cabeza. Empieza por el chakra de la Corona y sigue bajando hasta la frente, el tercer ojo, la zona de debajo de los ojos y todos los puntos en los que normalmente harías tapping en una sesión típica de EFT, repitiendo lo siguiente: *"Ahora estoy liberando la negatividad de mi cuerpo. Gracias a los ángeles por permitirme hacerlo. No necesito aferrarme a esa energía tóxica, así que la estoy dejando ir."* Después, toca tus dedos izquierdos con la palma derecha y repite lo pura y revitalizada que se siente esta energía.

Cuando termines, puedes volver a empezar con un guión diferente que potencie tus intenciones. *"Gracias por la energía de la llama violeta que me atraviesa. Estoy agradecido por la energía violeta pura dentro de mí y a mi alrededor."* Para concluir tu sesión de EFT tapping, debes colocar las dos palmas de las manos contra el pecho. Esta era tu posición inicial. Cierra los ojos y visualiza a los arcángeles abrazándote y ofreciendo su protección a través de la llama violeta.

El tapping chamánico es otra opción para que despejes tu mente de toda negatividad. En este caso, de nuevo mueves tus dedos a varias partes de tu cabeza y cuerpo, golpeando suavemente. Deberás permanecer frente a un espejo durante toda esta sesión. Para elevar tu vibración y eliminar los pensamientos negativos, puedes pedir perdón por cualquier cosa mala que hayas hecho. No hay nada malo en asumir la responsabilidad de tus actos. De hecho, demuestra que entiendes lo que está bien y lo que está mal, lo que es bueno y lo que es malo. Así que puedes repetir la siguiente afirmación: *"Lo siento. Por favor, perdóname. Te amo."*

Después de completar esta sesión de tapping, debes poner las palmas de las manos frente a tu pecho y comenzar a frotarlas. Al hacerlo, comienza a separarlas lentamente y continúa con el mismo movimiento. De este modo, podrás generar energía y transferirla desde tus palmas. Debes separar las palmas de las manos gradualmente, aumentando la distancia entre ellas poco a poco. Cuando estén lo suficientemente separadas, puedes girarlas para formar una bola de energía. En cuanto la energía se haya acumulado, puedes colocarla sobre tu cabeza. Será como bañarte en energía pura. Tira de esta energía hacia abajo con las dos palmas, redirigiéndola por todo el cuerpo y repitiendo lo agradecido que estás por lo que has recibido.

TRE PARA LIBERAR LOS TRAUMAS DEL PASADO

Los TRE son ejercicios utilizados para desestresar y eliminar los traumas del pasado de los pacientes. Se centran en los temblores de los músculos, con el fin de liberar la tensión formulada en el cuerpo. Cuando se ejerce demasiada presión sobre un músculo concreto, se produce un reflejo natural. Este es el temblor, que es beneficioso para restablecer el equilibrio desde el interior. Como resultado, tu sistema nervioso se calma. Es una técnica perfectamente segura y muy eficaz, compuesta por varios ejercicios innovadores y sencillos de ejecutar. Sin embargo, es aconsejable que permanezcas en un entorno controlado en todo momento. De lo contrario, tus reflejos podrían causar molestias.

Se puede considerar como una combinación de yoga, asesoramiento sanitario y tratamiento de masaje, en lo que respecta a los beneficios proporcionados. Si quieres probar la TRE para eliminar la energía negativa de tu cuerpo y de tu entorno, tienes que elegir un lugar cómodo para tumbarte. Puedes utilizar una esterilla de yoga o una alfombra suave. Tu intención es ayudar a tu cuerpo a llegar a un punto en el que esté casi agotado. Para ello, puedes apoyarte en una pared con las rodillas dobladas. Imagina que intentas sentarte en una silla virtual justo debajo de ti. Deslízate con la espalda tan baja como puedas, manteniendo la fuerza sobre las piernas. Cuando sientas que has llegado a un punto en el que te esfuerzas demasiado por mantenerte, quédate en esta posición. Levanta los talones para obtener resultados óptimos.

Después de unos segundos, sentirás que tus músculos arden. Quédate en la misma posición, hasta que no puedas aguantar más.

Entonces, lo que debes hacer es levantar el peso y mover el torso un poco más alto. Es como si intentaras sentarte en una silla un poco más alta. Haz lo mismo, hasta que sientas que tus piernas tiemblan ligeramente. Es entonces cuando sabes que has activado tus músculos a través de la TRE. Si te tumbas en la esterilla, experimentarás el temblor que libera la tensión y despeja la energía.

Otra opción para ti es doblar el cuerpo y estirarte, intentando alcanzar los dedos de los pies con las manos. Esto es igualmente desafiante para la mayoría de las personas, ya que tus músculos están bajo presión y estás tratando de mantener el equilibrio. También puedes empezar tumbándote en la esterilla de yoga. La espalda está en el suelo y las piernas están dobladas ante ti, con los pies tocando el suelo. Lo que debes hacer es separar las piernas e intentar que tus pies se toquen entre sí. Parece una posición de rana. Una vez que te sientas cómodo haciendo eso, puedes empezar a separar aún más la parte interna de los muslos y levantar las caderas.

La TRE puede ayudarte a reducir la tensión y la ansiedad, elevando tu espíritu y creando un ambiente acogedor. Tus frecuencias vibratorias se elevan, gracias a los reflejos que te hacen temblar. Además, la TRE te ayuda a lidiar con el dolor crónico y promueve la resiliencia emocional.

LIMPIEZA INSTANTÁNEA DEL AURA

TU AURA ESTÁ DESTINADA A PROTEGERTE EN TODO MOMENTO. SIN embargo, hay momentos en los que se vuelve tan turbia o nebulosa que necesitas limpiarla. Si no lo haces, no funcionará de la mejor manera posible y, en consecuencia, provocará desequilibrios espirituales que se manifestarán en tu vida. La limpieza instantánea del aura es bastante simple y fácil de completar por su cuenta, aunque se requiere supervisión para aquellos que son nuevos en esta experiencia espiritual.

Lo que puedes hacer es ponerte de pie cómodamente y cerrar los ojos. Visualiza que tu corazón se abre como una flor que florece. Pide que te bañen la luz y el amor divinos, llamando a tus arcángeles y guías espirituales. Pide que tu aura se limpie a fondo, blindando tu poderosa energía. Después de terminar con tus peticiones, visualiza una luz dorada pura procedente de lo divino justo encima de tu cabeza. Esta es la fuente de luz que brilla por encima de ti, habiendo viajado a través del Gran Sol Central hasta nuestras propias dimensiones y existencia.

La luz bajará lentamente sobre ti, siguiendo la forma de tu cuerpo y llenándote de energía divina. Siente cómo esta luz recorre todo tu cuerpo, desde la cabeza hasta los pies. Luego será absorbida por el suelo, formando una plataforma de luz debajo de ti. Un segundo orbe dorado de luz vendrá y bajará, bañándote una vez más con su naturaleza divina. Esta vez, permanecerá en tu zona abdominal. Visualiza que permanece allí, mientras respiras y lo expandes con cada respiración. Tu vibración se eleva, ya que esta luz está purificando tu aura y equilibrando tu espíritu.

Una tercera luz se mueve hacia tu chakra del Corazón, donde se posa y llena tu corazón de pura luz brillante. La luz está iluminando tu aura, expandiéndose en todas las direcciones. Una vez más, otro orbe dorado de luz se concentra alrededor de tu cabeza e ilumina tu tercer ojo. Estos tres centros de energía distintos que se han formado en tu abdomen, tu corazón y tu mente están perfectamente alineados con el centro de energía profundo del núcleo de la tierra, así como con la fuente de energía última del Gran Sol Central. Esto crea un pilar constante de energía que fluye a través de ti, limpiando tu aura y eliminando cualquier cosa tóxica.

Puedes repetir la misma visualización tan frecuentemente como quieras. Siempre te ayudará a ponerte en tierra y a sintonizar con tu naturaleza divina. A medida que te familiarices con el mundo espiritual, podrás lograr una conexión aún mayor, activando tus centros de energía y permitiéndote brillar.

10

ASOMBROSAS MEDITACIONES
GUIADAS PARA DESTERRAR
ENTIDADES NEGATIVAS,
LIMPIAR TU AURA Y
SUPERCARGAR TU VIDA

A estas alturas, ya conoces los increíbles beneficios que se derivan de limpiar cualquier energía negativa de tu cuerpo y de tu hogar. Ahora estás listo para continuar con la meditación guiada, con el fin de experimentar los maravillosos resultados. Ponte en estado receptivo, pide ayuda a tus guías espirituales y prepárate para los magníficos cambios que te esperan. A través de estas meditaciones guiadas fáciles de seguir, podrás canalizar tu energía y pedir las cosas que más buscas en tu vida. ¿Quieres limpiar el ambiente de tu casa o de la oficina? ¿Deseas enfrentarte a una experiencia traumática de una vida pasada que te ha hecho quedar atrapado en un bucle sin fin?

Tienes el poder de pedir ayuda a los arcángeles, llegando a tu espíritu divino. Ellos están aquí para protegerte, ofreciéndote su apoyo y guiándote en los momentos más difíciles. Ya sea que quieras desterrar un espíritu maligno, motivar a una entidad terrestre a pasar a otro espacio, atraer la abundancia o limpiar tu campo electromagnético, las meditaciones son un poderoso aliado tuyo. Te ayudan a concentrarte en tus intenciones, a expresarlas con firmeza y con absoluta claridad.

· · ·

A CONTINUACIÓN VERÁS 5 MEDITACIONES GUIADAS DIFERENTES para que las pruebes. Algunas de ellas son sencillas, mientras que otras requieren la presencia de los ángeles para guiarte. En función de tus necesidades y deseos, puedes elegir la meditación que mejor se adapte a ti y que te permita brillar.

MEDITACIÓN DE PROTECCIÓN DEL HOGAR CON CRISTALES

ESTA MEDITACIÓN GUIADA TE AYUDARÁ A PROTEGER TU HOGAR DE cualquier entidad negativa, a purificar la atmósfera y a atraer la positividad, sintiéndote seguro y protegido. Te permitirá deshacerte de las energías no deseadas que interfieren en tu equilibrio, restaurando tu paz interior y tu serenidad. Para esta meditación, vas a necesitar 4 velas blancas, 4 piedras preciosas negras (turmalina negra, obsidiana negra y ónix) y ocho cristales de cuarzo claro. Puedes omitir esta última parte, aunque amplifica los beneficios que obtienes de toda la sesión de protección. Si lo deseas, puedes quemar salvia para un restablecimiento completo de tus energías.

Coloca una vela delante de ti, otra detrás y otra a cada lado. Enciende las velas y coloca las piedras preciosas negras entre ellas. Si también tienes los cristales, puedes colocar cada uno junto a las velas y las gemas. Enciende la salvia y deja que arda de forma segura. Has creado un círculo de luz y por lo tanto necesitas sentarte cómodamente en el centro de este círculo.

Después de haber completado la configuración de tu habitación, ahora estás listo para comenzar tu meditación. Cierra los ojos y concéntrate en tu respiración. Respira profundamente y despacio, hasta que te sientas completamente relajado. Respira lentamente, sin esfuerzo. Concéntrate en el área que rodea tu cuerpo, tomando conciencia de tu peso. Imagina que estás sentado encima de la tierra, conectando con su energía en su totalidad. La tierra te apoya y te protege durante esta sesión. Las piedras preciosas negras tienen un gran poder de protección y unirán sus fuerzas para que permanezcas seguro y protegido en este ritual.

Imagina que la energía de la tierra brota de sus profundidades y te inunda de luz. Esta luz está limpiando tu aura, ya que brilla a través de ti y elimina cualquier energía negativa. A través de su poderosa energía, esta luz disuelve cualquier entidad negativa que haya estado minando tu seguridad. Puedes suspirar con alivio, ya que estás protegido por el campo energético arcaico de la tierra. Poco a poco, se crea una burbuja a tu alrededor. Este es tu escudo protector. Ningún mal deseo, ningún apego, ninguna mirada malévola puede llegar a ti, ya que estás blindado con esta burbuja impenetrable.

Esta burbuja ha surgido de tu interior, llenándose de la luz blanca y pura que emerge de las profundidades de la tierra. Al cabo de un rato, la burbuja se expande y alcanza las paredes de tu habitación. Se ha hecho más grande, de modo que elimina cualquier energía negativa. Mientras limpias el espacio que te rodea con la burbuja que está llena de luz brillante purificadora, concéntrate en los puntos de entrada dentro de tu casa. Las ventanas y las puertas se refuerzan, para proporcionar una sensación adicional de seguridad.

Habiendo completado la protección de tu casa hasta este punto, es el momento de que la burbuja se expanda por última vez. Se hace cada vez más grande, hasta que cubre toda la casa. Deja que se llene de la luz brillante de la energía de la tierra, para limpiar todo lo que te rodea. Estás completamente protegido por la naturaleza divina de la tierra. Cuando hayas asegurado todo, puedes volver a concentrarte en tu respiración. Inspira y espira lentamente, inhala por la nariz y exhala por la boca. Abre los ojos y retoma la conciencia.

Esta meditación te permite reforzar la protección de tu hogar y repitiéndola a menudo puedes aumentar su eficacia. Hazlo y disfruta de la seguridad de tu lugar más querido en la tierra.

. . .

MEDITACIÓN PARA LIMPIAR LA ENERGÍA NEGATIVA DENTRO DE tu casa

TU CASA ES TU REFUGIO Y TIENES QUE SENTIRTE BIEN CUANDO estás en ella. Esto no es negociable. Desgraciadamente, hay veces en que estos sentimientos de seguridad, pensamiento positivo y felicidad se ven interrumpidos por energías estancadas y entidades malévolas. Por lo tanto, es imperativo que realices rituales específicos para limpiar la energía negativa y purificar tu hogar.

Siéntate cómodamente en tu habitación, cierra los ojos y entra en un estado receptivo. Conéctate con la energía de tu hogar, para pedir que la cambies y elimines cualquier negatividad. Respira profundamente, ya que estás conectando con las energías del entorno. Hay mucha energía residual en tu casa, ya que se ha ido acumulando durante mucho tiempo. Pide a tu guía espiritual o a los ángeles que te han estado cuidando que te ayuden a limpiar la energía negativa. Comienza por la habitación donde pasas la mayor parte de tu tiempo. Visualiza el conflicto de la energía que ha estado atascada en esta habitación.

Como esa energía se ha ido acumulando con el tiempo, se ha solidificado. Así que al entrar en la habitación, te adaptas a esa energía particular. Esto puede ser destructivo para tu propósito superior. Elige limpiar la atmósfera y disolver la negatividad de cada rincón. No olvides respirar profundamente, liberando la tensión a lo largo de esta sesión de limpieza energética. Pide que se elimine cualquier negatividad de tu casa. Es igualmente importante limpiar la energía de cada uno de los objetos de tu hogar. Visualiza que las malas vibraciones de estos objetos, salen de tu casa para siempre. Deja que la energía negativa salga de tu habitación, pase por la cocina, suba las escaleras y finalmente salga de la casa por un punto de entrada. Este es un procedimiento catártico, así que dale tiempo.

Cuando hayas terminado, abre los ojos y tómate unos momentos para relajarte y recuperar la conciencia. Te sorprenderás de los resultados que verás en tu casa. Ya no hay una atmósfera oprimida y pesada. En su lugar, te alegrarás de entrar en un refugio seguro, lleno de ligereza y vibraciones positivas.

MEDITACIÓN DE LIMPIEZA DEL AURA

MEDIANTE EL USO DE LA LLAMA VIOLETA, ESTA MEDITACIÓN guiada está destinada a ayudarte a limpiar tu aura profundamente. Restablece tu equilibrio vibratorio electromagnético, elevando tu espíritu y despejando cualquier energía negativa que entre en conflicto con tu presencia positiva.

Cierra los ojos. Respira profundamente y nota cómo te calmas más con cada respiración. Siéntete relajado, mientras sueltas la tensión. Inspira por la nariz y exhala suavemente por la boca. Visualiza una luz violeta que baja del cielo en la parte superior de tu cabeza. Esta luz brillante se sitúa en tu chakra de la Corona. Observa la luz y cada detalle. Siente la energía que recorre tu cuerpo. Imagínate bañado en esa preciosa y divina luz. Visualiza tu rostro, mientras sonríes felizmente.

La poderosa luz derrite cualquier entidad negativa, cualquier energía estancada dentro de tu cuerpo. Esta luz violeta transforma cualquier negatividad, absorbiéndola completamente. Invoca a tus ángeles de la guarda y a tus protectores para que te ayuden a ser más sereno, disolviendo los espíritus negativos y manteniendo tu equilibrio interior. Pide que esta abundante luz violenta brille sobre tu aura, sellándola contra cualquier amenaza. Visualiza que tu aura se fortalece con la luz.

Aférrate a esa sensación de saber que estás completamente protegido contra cualquier energía negativa o malevolencia que intente dañarte. Este es un sentimiento precioso de total alegría y satisfacción. La luz violeta que ha venido de arriba te ha ofrecido generosamente este sentimiento. Experimenta la felicidad y no dejes escapar ese sentimiento. Por el contrario, expándelo por todo tu cuerpo.

Medita en silencio, mientras contemplas esta maravillosa experiencia de protección y limpieza del aura. Has sido bendecido con la purificación de tu aura y te sientes de maravilla. Inhala y exhala lentamente, suavemente, sin esfuerzo. Estate presente en el momento, sin que ninguna distracción u obstáculo se interponga en el camino. Te sientes feliz, total y completamente alegre.

Cuando te sientas bien contigo mismo, abre los ojos y recupera lentamente la conciencia. Continúa respirando profundamente, recordando lo maravillosa que fue esa experiencia. Te sientes más ligero que nunca. Más que eso, te sientes iluminado. Estira tu cuerpo y siente la calma a tu alrededor. Te sientes reanimado, lleno de energía y placer.

Recuerda repetir el mismo ritual cada vez que sientas que te falta energía y vivacidad. Como tu aura no es estática, fluctúa en tamaño y por eso debes asegurarte de cuidarla.

MEDITACIÓN CON LOS ÁNGELES PARA LIMPIAR LA ENERGÍA *negativa*

LOS ÁNGELES PUEDEN SER DE GRAN AYUDA PARA TI, EN TU esfuerzo por liberar cualquier negatividad de tu cuerpo o de tu entorno. Es importante que mantengas la calma a lo largo de esta meditación guiada. Libera cualquier mala vibración, permitiéndote suspirar con alivio al pensar que has disuelto las energías negativas de tu entorno.

Cierra los ojos, inhala y exhala suavemente y siente que tu cuerpo se relaja con cada respiración. Concéntrate en tus intenciones y solicita con firmeza la ayuda de tus ángeles de la guarda:

"Arcángel Miguel, arcángel Rafael, busco su presencia aquí. Quiero que vengan a apoyarme en mi esfuerzo por eliminar las energías negativas y restaurar la bondad". De repente, empezarás a sentir su presencia cerca. Ellos vendrán a ayudarte, protegiéndote contra todo daño.

Relájate aún más y visualiza una luz blanca y pura. La luz brilla desde el cielo hasta tu coronilla, en la parte superior de tu cabeza. Entra en tu cuerpo a través del chakra de la Corona y recorre suavemente todos los centros energéticos hasta tus pies. La luz fluye a través de ti y alcanza tu aura, limpiándola y llenándola de frecuencias positivas de alta vibración. Finalmente, la luz pasa a través de ti y se conecta con el centro mismo de la tierra. Esta es la energía divina en perfecta alineación.

Ya que esta luz pura divina ha brillado a través de ti, necesitas atraer tu atención hacia tu interior. Verás una luz que brilla más que nunca desde tu interior. Esta luz está conectada a tu fuerza vital, haciéndose más fuerte a cada momento. Los arcángeles están muy cerca de ti. Ellos te protegen durante este proceso. Así que siente este poder interno tuyo brillando y expandiéndose. Repite afirmaciones positivas sobre tu iluminación: *"Soy un ser humano poderoso, lleno de luz divina".*

Estás a cargo de las energías que fluyen a través de ti. Está en tu poder elegir qué energías permitir y cuáles rechazar. Nadie más tiene ese poder sobre ti. Esto es algo en lo que necesitas creer, ya que estás visualizando tu omnipotencia.

Ahora el arcángel Rafael se acerca, curándote a ti y a tu energía. Sientes el consuelo de esta experiencia, repitiendo lo siguiente: *"Rechazo cualquier conexión negativa que no sirva a mi propósito superior en la vida. Ordeno que cualquier energía negativa abandone mi cuerpo, para no volver nunca más. Me mantengo sólo en la luz y el amor de mi Creador".*

Abre los ojos, inhala y exhala lentamente y tómate unos momentos para retomar la conciencia. Esta es una meditación intensa, que requiere la protección divina de los arcángeles. Después de esto, te sentirás más seguro de ti mismo, amoroso de ti mismo e independiente.

. . .

Meditación guiada para sanar traumas del pasado

Las vidas pasadas pueden afectarte de muchas maneras. Si te has quedado atascado en una situación problemática, incapaz de avanzar, es esencial que vuelvas a visitar tus vidas pasadas y descubras cómo salir adelante. A veces es necesario sanar una experiencia traumática de otra vida, antes de poder avanzar en la actual.

Cierra los ojos y piensa en un lugar al que parece que vuelves una y otra vez. Puede tratarse de un bucle de una vida diferente, que represente una experiencia que te haya estancado. Inspira por la nariz y espira por la boca. Relájate y deja ir tus preocupaciones, tus pensamientos, tus traumas. Siente cómo la energía de tu alma llega a tu cuerpo físico, mientras exhalas suavemente. Este proceso te hace sentir con los pies en la tierra, consciente de la más mínima parte de tu cuerpo.

Aunque permanecerás en tu cuerpo físico, tus pensamientos vagarán junto con tu alma. A través de tu mente, tendrás la oportunidad de visualizar todo con absoluta claridad, bajo la guía y protección constante de tus ángeles. Poco a poco sentirás que tu cuerpo se vuelve más pesado. Ahora, concéntrate en tu tercer ojo. Respira profundamente, mientras sientes que tus chakras de la Corona y del Tercer Ojo se abren. Déjate llevar por el pasado. Mantén la mente abierta a lo que vas a descubrir.

Notarás energías que están flotando. Pide que te muestren dónde has estado atascado, para que puedas liberarte de este calvario en curso. Necesitas avanzar en tu vida actual. A medida que profundices, verás imágenes de tus vidas pasadas pasar ante tus ojos. Acéptalas sin juzgarlas. Este es un procedimiento muy delicado, hasta que consigas visualizar la experiencia que ha causado tu trauma.

Tan pronto como descubras esta experiencia traumática, tienes que reunir detalles sobre ella instalándote más cómodamente. ¿De qué año se trata? ¿En qué país te encuentras? ¿Qué idioma hablas? Mira a tu alrededor y observa cada pequeño detalle. Recuérdate a ti mismo que sólo eres un observador y que, por lo tanto, no tienes que tener miedo.

Observa tu trauma mientras se desarrolla, sabiendo que estás a salvo en todo momento. Procesa lo que ha sucedido, respirando profundamente y manteniendo la calma durante toda la experiencia. Después de haber observado todo con claridad, tienes que expresar tu gratitud. Di "gracias" por la importante lección que te ha dado esta experiencia. Reconoce que tenía que suceder, para que pudieras evolucionar en tus próximas vidas. Perdona, ama y recuerda. Libera la energía negativa con cada exhalación.

Ahora es el momento de volver a tu cuerpo físico. Siente la presencia protectora de los arcángeles, sosteniendo tu mano durante todo el viaje y hasta que te hayas instalado en tu presencia física. Inhala y exhala profundamente, sintiendo tu espíritu extremadamente más ligero que antes. Trae tus pensamientos al momento presente, revalorizando la situación que te había estado causando malestar.

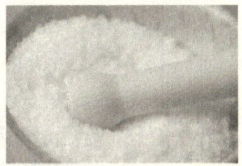

EL RITUAL DE LIMPIEZA DE ENERGÍA NEGATIVA DE 7 DÍAS PARA ENCANTAR TU HOGAR CON PODER ANGELICAL

¿Qué hace falta para que pidas ayuda a tus ángeles de la guarda? ¿Cómo puedes solicitar su presencia y buscar su apoyo incondicional en tus esfuerzos? Es cierto que los ángeles están siempre a tu lado, aunque no puedas verlos. La mayoría de las veces, llegamos a sentir su presencia a nuestro alrededor. Tenemos la certeza de que están a nuestro lado en todo momento, sin importar el tiempo que tardemos en dejar de necesitarlos.

Nuestra conexión con los ángeles es profundamente espiritual. Nos permite comunicarnos con lo divino y sentirnos seguros en un mundo lleno de peligros que acechan en cada esquina. Es un lugar peligroso en el que vivimos, pero nuestros guías espirituales siempre están aquí para echarnos una mano y ofrecernos su sabiduría. Así es como salimos adelante, nos recomponemos y sobrevivimos a cualquier dificultad que surja en el camino.

Después de haber analizado diferentes aspectos de la limpieza de la energía dentro de tu casa y tu cuerpo, lo único que falta es un enfoque práctico para tu vida diaria. Sé que en el título te he prometido que puedes obtener resultados tangibles para la limpieza espiritual en sólo 7 días. De hecho, verás que una semana es más que suficiente, si sigues mis pautas a continuación.

La fórmula secreta del ritual diario que he diseñado para ti es capaz de restablecer la energía dentro de tu hogar. No necesitarás pasar todo el día probando diferentes rituales que requieren mucho tiempo para eliminar todas las malas vibraciones de tu santuario personal. Por el contrario, estos pasos que he incluido en la fórmula son fáciles de implementar en tu rutina diaria. También son divertidos y lo más probable es que termines por adherirte a estos hábitos matutinos, incluso después de completar tu semana experimental.

Ten una mentalidad abierta con respecto a esta semana. Levántate con un sentimiento optimista, una sensación de que todo va a ir bien. De este modo, vas a atraer esas vibraciones positivas y alejarás cualquier pensamiento negativo que intente colarse en tu mente. La Ley de la Atracción funciona y por lo tanto debes seguir sus principios para disparar tu potencial en la vida. Debes mantener la fe, ya que esto es un activo útil en tu intento de mejorar tu vida en muchos niveles diferentes.

Aunque te aburras o te falten las ganas de realizar tu ritual matutino, te aconsejamos que no te descuides. Hay que ser constante, para que al final los resultados sean óptimos. Si te quedas dormido y te levantas más tarde de lo habitual, haz los ajustes necesarios para encajar este ritual en tu apretada agenda. No pospongas, retrases o canceles tu limpieza energética. Si lo haces, pronto te darás cuenta de que las entidades negativas son mucho más persistentes -después de todo, la perseverancia es a menudo la clave del éxito.

RITUAL DIARIO DE LIMPIEZA DE ENERGÍA NEGATIVA. FÓRMULA SECRETA

Como estás llegando al final de este libro, es esencial que tengas todas las herramientas que vas a necesitar para limpiar la energía negativa y los espíritus malévolos de tu casa. A continuación, puedes ver una fórmula secreta que puedes utilizar como ritual diario. Esto te ayudará a purificar tu hogar en tan sólo 7 días. Sé consistente y detallista al realizar este ritual. Consiste en cosas sencillas que puedes hacer fácilmente a diario. El ritual es rápido, no requiere más de 30 minutos de tu tiempo. Levántate por la mañana, abre las ventanas para que entre el aire fresco y deja que el sol inunde la habitación. Ponte tu sonrisa más amplia y empieza el día con la siguiente fórmula secreta.

Paso 1: Expresa tu gratitud

Comienza tu día cada mañana expresando lo que agradeces en tu vida. ¿Es tu familia, un hijo recién nacido que ha aumentado tu felicidad, o tal vez tu carrera? Sé muy detallista cuando digas *"gracias"* por las cosas concretas que has recibido en la vida. En lugar de decir *"gracias por mi trabajo,"* puedes decir fácilmente *"gracias por la maravillosa oportunidad que me han dado en el trabajo de colaborar con uno de los mejores asociados de la empresa."* La primera afirmación es demasiado genérica, mientras que la segunda te llena de una frecuencia vibratoria más alta de inmediato.

Este paso debería durar unos 5 minutos. Puedes llevar un diario si lo deseas. Si no, simplemente cierra los ojos y medita. Expresa tu gratitud en voz alta, canalizándola hacia las cosas que te aportan alegría y te hacen sentir satisfecho. En cuanto empieces a hacerlo, te sentirás mejor al instante.

Te darás cuenta de lo mucho que ya tienes, lo que siempre es un gran recordatorio en caso de que lo hayas dado por sentado. Ser consciente de lo que has conseguido es increíble, ya que aumenta la confianza en ti mismo y te hace sentir bien.

Paso 2: Practicar EFT Tapping

. . .

AHORA ESTÁS LISTO PARA AVANZAR AL SIGUIENTE PASO Y ELEVAR tu vibración. Una de las mejores maneras de hacerlo es practicando EFT tapping. Concéntrate en tu cabeza y en la zona del cuello, el pecho y las axilas para esta rápida pero efectiva sesión de tapping. No tiene que ser nada elaborado. Simplemente empieza a hacer tapping en la parte externa de la palma de la mano, mientras repites afirmaciones positivas sobre ti mismo. Puedes decir que eres increíble, que eres un gran trabajador, que te dedicas a tus objetivos o que eres extrovertido. Lo que sea que haga que tu corazón lata más rápido, debes expresarlo a través de estas afirmaciones.

Dando golpecitos en la frente, en el tercer ojo, justo en el entrecejo, en la zona de debajo de los ojos y en los pómulos, en el labio superior y en la barbilla, puedes seguir repitiendo esas afirmaciones increíbles. Te harán sentir mucho mejor, al elevar aún más tus frecuencias vibratorias. El tapping crea vibraciones que son beneficiosas para tu bienestar. Cuando se combina con estimulantes verbales que promueven la alegría y la satisfacción, el resultado es aún más impresionante. Normalmente, una sesión de EFT tapping te llevará unos 10 minutos.

Paso 3: Usa aceites esenciales

¡QUÉ MEJOR MANERA DE EMPEZAR EL DÍA QUE CON LAS embriagadoras fragancias de los aceites esenciales! Ya me he referido en este libro a las poderosas propiedades curativas de la hierba de limón. Sin embargo, puedes probar otros aceites esenciales que eliminan la energía negativa y mejoran tu estado de ánimo. Basta con utilizar un difusor de aceites esenciales para esparcir los aromas por todo el lugar. Además, puedes combinarlo con una taza caliente de té de hierbas o manzanilla. Así te hidratarás, calmarás tu alma y te despertarás de forma natural.

Algunos de los mejores aceites esenciales para utilizar, además de la hierba de limón, son la menta, la naranja dulce, el romero, el ciprés y la baya de enebro. Junto con el uso de aceites esenciales, también puedes quemar madera de Palo Santo. Huele de maravilla y limpia el ambiente de cualquier energía negativa que se acumule en la habitación. Si tienes los elementos a mano, este paso requerirá 10 minutos de tu tiempo junto con la preparación de tu felicidad líquida para beber a sorbos.

Paso 4: Visualizaciones

Ya has elevado tus frecuencias vibratorias, así que debes sentirte en la luna. Para aprovechar al máximo tu ritual matutino, no debes olvidar incluir visualizaciones en la mezcla. Estas visualizaciones te ofrecerán la oportunidad de manifestar exactamente lo que quieres atraer a tu vida, para que sea atraído por tu energía. Esta es una forma encantadora de aumentar tu vibración, mientras que al mismo tiempo experimentas tus deseos ahora mismo. En lugar de proyectar tu deseo en el futuro, vives como si ya hubieras adquirido lo que buscas.

Al visualizar que tienes logros, felicidad, abundancia y éxito, salud y salida, experimentas las emociones que fluyen a través de estos estados. ¿Cómo te sentirías si tuvieras éxito en tu profesión? Intenta visualizarlo y ver lo que significa para ti, emocionalmente hablando. De nuevo, este paso suele requerir 5 minutos para completarlo.

Paso 5: Ordena tu habitación

Estoy seguro de que ya conoces la importancia de un lugar ordenado. Después de completar estos 4 pasos que te han llenado de alegría y han disparado tu energía desde dentro, es importante ordenar un poco tu habitación. Por supuesto, no estoy hablando de quitar el polvo o pasar la aspiradora. Estas tareas pueden formar parte de una limpieza más profunda que se realiza una vez a la semana, más o menos. Me refiero a los poderosos efectos de hacer la cama y limpiar tu espacio de trabajo, tu sillón, tu mesilla de noche y cualquier otra cosa que tengas a tu alcance.

Al hacerlo, te mantienes con los pies en la tierra y te sientes realizado por haber hecho algo significativo tan temprano en el día. Hacer la cama es una forma excelente de mantener la disciplina, la organización y el equilibrio interior. No más de 5 minutos serán suficientes, suponiendo que mantengas todo en su sitio.

PASO 5+1: UTILIZA EL SPRAY HECHO POR TI

PARA TERMINAR CON TU RITUAL MATUTINO, TÓMATE UN MOMENTO y utiliza tu poderoso spray hecho por ti para eliminar la energía negativa. Este spray contiene pétalos de rosa, que son extremadamente altos en frecuencias vibratorias. También contiene salvia, que es un potente purificador y limpiador de energía. Junto con el agua, estos maravillosos ingredientes crean una fórmula secreta que hace maravillas en tu espacio personal.

Sólo tienes que rociar el spray limpiador y enjuagar. Puede utilizarse a diario e incluso puede rociarse a sí mismo, ya que no contiene productos químicos ni conservantes. Es 100% natural y orgánico, ofreciendo una gran opción para limpiar y eliminar cualquier negatividad. Una vez más, necesitarás 5 minutos para completar este paso.

CONSEJOS PARA EL MEJOR RITUAL DIARIO

. . .

Deberías seguir el ritual matutino que te he propuesto durante al menos 7 días. Durante este tiempo, seguramente notarás un cambio notable en la energía de tu hogar. De hecho, las energías negativas desaparecerán y en su lugar sentirás la ligereza de la positividad. Tu sueño mejorará y no tendrás problemas que te molesten sin motivo real.

Después de una semana, puedes continuar con este ritual a diario. Si lo haces, verás que las cosas sólo mejoran. Incorpora algunas de las meditaciones guiadas que he creado para ti y nunca más tendrás que lidiar con esas energías negativas en tu vida.

Si quieres aumentar el poder de tus visualizaciones, también puedes utilizar cristales y piedras preciosas. La obsidiana negra, el ónix y la turmalina negra son exquisitas para limpiar la energía negativa, como ya sabes. En el mercado puedes encontrar una amplia gama de piedras preciosas y cristales, dispuestos a ayudarte a alcanzar tus objetivos mucho más rápido. Además, puedes experimentar con otros artículos curativos. Las velas perfumadas, los cuencos tibetanos, los amuletos y los talismanes, van a potenciar tus propios poderes y llevarte más alto.

UN RITUAL NOCTURNO PARA LIMPIAR TU ENERGÍA

Has pasado todo un día de viaje, realizando las tareas programadas y relacionándote con mucha gente. Ahora ha llegado el momento de volver a casa, a la comodidad de tu refugio personal. Estás en tu refugio seguro y lo único que quieres es relajarte, soltar la tensión y disfrutar de preciosos momentos a solas, o con tus seres queridos.

En primer lugar, es bueno que tomes una ducha relajante antes de irte a la cama. Supongo que no mucha gente puede darse un baño con sales y aceites esenciales todas las noches. Sin embargo, puedes darte una ducha caliente y utilizar productos que te ayuden a relajarte. Deja que el agua recorra tu piel y elimine cualquier pensamiento tóxico, junto con las células muertas de la piel y el polvo.

Deja ir el mal de ojo, así como cualquier otra energía negativa que se haya acumulado en tu cuerpo.

En cuanto termines de ducharte, aclara tu piel con una toalla suave y comienza tu rutina de belleza. Haz todo lo que te haga feliz; utiliza un exfoliante para limpiar tu piel, aplica una crema humectante para hidratar tu cuerpo y peina tu cabello. Cuando llegues al dormitorio, asegúrate de haber creado un ambiente acogedor y relajante. Pon una música relajante e inspiradora de fondo. Si quieres, puedes utilizar mantras. Si no, cualquier música relajante servirá.

Enciende una o dos velas. Baja la intensidad de las luces o utiliza la luz de las velas como única fuente de luz en la habitación. Quema incienso con tus fragancias favoritas. Te sugiero que utilices alcanfor, ya que te permite limpiar la energía negativa y rejuvenecer. Concéntrate en tu respiración y medita durante unos instantes. Cierra los ojos, escuchando los sonidos de los mantras o la música relajante en la distancia. Imagina una luz brillante en la coronilla de tu cabeza, moviéndose lentamente hacia abajo y llenándote con su poder abrumador.

Experimenta este momento de pura luz brillante llenándote desde dentro, inundando cada órgano, cada parte de tu cuerpo, cada célula. Visualiza la luz expandiéndose y alcanzando tu aura. Siente cómo tu aura se purifica, se limpia completamente con la luz divina. Esta visualización te ayuda a alinear tus centros energéticos, creando una conexión entre la energía de la tierra y la energía mística de lo divino. Con esto en mente, sigue respirando profundamente y concéntrate en el presente.

Termina tu visualización con una amplia sonrisa en la cara. Evita cualquier luz artificial y aléjate de cualquier dispositivo electrónico durante al menos una hora antes de acostarte. Una vez acostado, cierra los ojos y manifiesta tus deseos. Ten esos pensamientos positivos en tu mente, mientras te dejas llevar por los sueños más dulces. Disfrutarás de una noche de descanso, habiendo limpiado las energías negativas dentro de tu habitación y habiendo equilibrado tu energía interior. ¡Buenas noches!

CONCLUSIÓN

Has llegado con éxito al último capítulo de mi libro. Espero que lo hayas encontrado útil, en tu intento de interpretar el mundo espiritual y profundizar en los misterios de lo divino. Es increíble lo que puedes hacer en tu vida, simplemente alineando tu energía con la energía del cosmos. A estas alturas ya has descubierto lo que se siente al estar maldito o ser víctima del mal de ojo y has aprendido a limpiar tu aura y tus chakras energéticos.

Además, has leído meditaciones guiadas que te permiten practicar lo que te han enseñado teóricamente sobre las energías negativas, los invitados no deseados y las entidades de un mundo diferente. Esto ha sido un maravilloso viaje en las filosofías místicas del mundo, dictando que necesitas encontrar el equilibrio desde dentro de ti mismo, antes de ser capaz de prosperar en tu vida. Primero, tienes que limpiar tu propio cuerpo y alma, antes de pasar al siguiente nivel y purificar tu entorno directo.

Hay entidades malignas ahí fuera, que quieren hacerte daño. Sin embargo, esto no debe abatirte ni llevarte a la desesperación. Además, no estás solo en este mundo. Tienes una red de familiares, amigos y, por supuesto, tus guías espirituales para ayudarte en momentos de necesidad. Espero que este libro te haya inspirado para profundizar en la espiritualidad y en los misterios que se esconden bajo la superficie. Sería estupendo que siguieras con más información sobre otras partes del mundo divino.

Introduce prácticas saludables en tu vida, como la realización de meditaciones, yoga y Pilates, EFT tapping, TRE y Reiki. Todas estas técnicas tienen como objetivo aumentar tu vibración para que seas más saludable y feliz en tu vida. ¿No es esto lo que has estado buscando? Si pudieras conseguirlo de una manera totalmente natural y no invasiva, entonces no tendría sentido rechazar tal oferta. Hay métodos que han sido concebidos por pura necesidad. Estos métodos han demostrado ser extremadamente útiles cuando se trata del mundo espiritual.

Otro consejo de mi parte sería unirte a comunidades de personas con ideas afines. De este modo, podrás hablar de las cosas que más te importan. Ellos te comprenderán, ofreciéndote su propia sabiduría e información práctica que podría acabar salvándote la vida. No debes tener miedo de expresar tus necesidades y deseos. Busca las personas adecuadas que te rodeen para sentirte cómodo hablando de lo que te preocupa. Al fin y al cabo, la comunicación es un elemento clave para establecer relaciones sanas.

Mirando hacia atrás, cuando escribí *"Limpieza Espiritual: Secretos de la limpieza del alma de los que nadie habla y cómo limpiar la energía negativa de tu casa en 7 días"*, me siento agradecida y feliz. Es un honor para mí poder compartir los conocimientos que tanto me ha costado adquirir sobre el tema. A través de mis experimentos con diferentes enfoques, he leído miles de libros y he hablado con miles de personas. Lo que he obtenido de cada uno de ellos es literalmente inestimable.

Ahora que has leído mi libro, espero que nos encontremos pronto. Te deseo amor, luz y valor en tu viaje. Al tomar la iniciativa y llegar hasta el final de este libro, has completado la parte más difícil de todo el proceso. ¡Ha sido una idea fantástica y tienes muchas cosas maravillosas que esperar ahora que lo has leído todo!

REFERENCIAS

andreas160578. (2016a). *Salt Spa Wellness.*
https://pixabay.com/photos/salt-spa-wellness-wood-1884166/

Anthony, K. (2017, December). *EFT Tapping.* Healthline; Healthline Media. https://www.healthline.com/health/eft-tapping

Bejan, A., & Lorente, S. (2010). The constructal law of design and evolution in nature. *Philosophical Transactions of the Royal Society B: Biological Sciences, 365*(1545), 1335–1347. https://doi.org/10.1098/rstb.2009.0302

Bledsoe, D. A. (2013, October 1). *The Evil Eye: Ancient, Yet Contemporary Phenomenon and a Biblical Response.* Missionexus.org. https://missionexus.org/the-evil-eye-ancient-yet-contemporary-phenomenon-and-a-biblical-response/

Camille Noe Pagán. (2018, January 11). *What Is Aromatherapy?* WebMD; WebMD. https://www.webmd.com/balance/stress-management/aromatherapy-overview#1

Collins, N. (2016, July 14). *Science Says Burning Sage Can Clean The Air And Improve Your Health.* Lifehack. https://www.lifehack.org/426156/science-says-burning-sage-can-clean-the-air-and-improve-your-health

Corbin, K. (n.d.). *The Law of Attraction and Quantum Physics – Law of*

Attraction Resource Guide. Https://Www.Lawofattractionresour-
ceguide.com/. https://www.lawofattractionresourceguide.com/the-
law-of-attraction-and-quantum-physics/

dhandapani, basker. (2017). Angel Woman White. https://pixabay.-
com/photos/angel-woman-white-girl-young-2816236/

Fiona, K. (2017). *Buddha Relax Relaxation*.
https://pixabay.com/photos/buddha-relax-relaxation-asia-2109894/

freeAgent42, T. K. @. (2018, October 22). *"The field is the sole
governing agency of the particle" Einstein*. Medium. https://medium.-
com/@tonyknight_92437/the-field-is-the-sole-governing-agency-of-
the-particle-einstein-1f700090a926

Glady. (2013). *Rose Flower Dew*. https://pixabay.com/photos/rose-
flower-dew-dewdrops-droplets-165819/

hassan, mohamed. (2018). *Meditation Zen Chan*.
https://pixabay.com/photos/meditation-zen-chan-yoga-statue-
3338691/

ImagesBG. (2017a). *Meditation Nature Yoga*. https://pixabay.com/pho-
tos/meditation-nature-yoga-sun-clouds-2001317/

Lolame. (2018). *Candles Still Life*. https://pixabay.com/pho-
tos/candles-still-life-candlestick-3493575/

M, R. (2019). An Overview of the Thymus. EndocrineWeb.
https://www.endocrineweb.com/endocrinology/overview-thymus

Mannonen, T. (2016). Crystals Stones Healing Mystic. https://pixa-
bay.com/photos/crystals-stones-healing-mystic-1567953/

Markus1308. (2020). *Bank Nature Bench*.
https://pixabay.com/photos/bank-nature-bench-rest-loneliness-
5103277/

McCutcheon, S. (2018). Positive Thinking Energy. https://pixabay.-
com/photos/positive-thinking-energy-reiki-3805169/

monicore. (2016b). Essential Oils Aromatherapy. https://pixabay.-
com/photos/essential-oils-aromatherapy-spa-oil-1433694/

Pexels. (2016c). *Alternative Energy Aura*. https://pixabay.com/pho-
tos/alternative-energy-aura-energetic-1869248/

Pexels. (2016). Meditate Meditation Peaceful.
https://pixabay.com/photos/meditate-meditation-peaceful-1851165/

Photo, D. (2017). Self Confidence Force Woman. https://pixabay.com/photos/self-confidence-force-wave-sea-2036236/

Photos, F. (2015). *Sunset Dusk Silhouette*.
https://pixabay.com/photos/sunset-dusk-silhouette-shadow-girl-691848/

Pitkanen, M. (2018, June). *(PDF) The experiments of Masaru Emoto with emotional imprinting of water*. ResearchGate. https://www.researchgate.net/publication/335909571_The_experiments_of_Masaru_Emoto_with_emotional_imprinting_of_water

piro4d. (2016b). *Feng Shui Zen Stones*.
https://pixabay.com/photos/feng-shui-zen-stones-texture-1927590/

sorcel. (2014). Amulet Evil Eyes. https://pixabay.com/photos/amulet-evil-eyes-turkey-blue-charm-458235/

StockSnap. (2017). *People Woman Happy*.
https://pixabay.com/photos/people-woman-happy-relax-travel-2588546/

vetsikas1969, dimitris. (2020). *Girl Meditation Nature*. https://pixabay.com/photos/girl-meditation-nature-yoga-4981766/

Voicu, A. (2016). Woman Beauty Wreath.
https://pixabay.com/photos/woman-beauty-wreath-fashion-1403458/

Wikipedia Contributors. (2019, May 8). Atlas (mythology). Wikipedia; Wikimedia Foundation. https://en.wikipedia.org/wiki/Atlas_(mythology)

FINALMENTE... POR FAVOR, DEJA UNA RESEÑA EN AMAZON O EN AUDIBLE

De todo corazón, gracias por escuchar nuestro libro. Realmente esperamos que te ayude en tu viaje espiritual y a vivir una vida más empoderada y feliz. Si en efecto te ayuda, nos gustaría pedirte un favor. ¿Serías tan amable de dejar una reseña honesta de este libro en Amazon o en Audible? Sería muy apreciado y probablemente impactará las vidas de otros buscadores espirituales en todo el mundo, dándoles esperanza y poder. Leemos **cada** reseña que recibimos y cada una de ellas nos ayuda a convertirnos en los mejores escritores y maestros espirituales que podemos ser.

¡Gracias y buena suerte! Angela Grace

¿POR QUÉ NO TE UNES A NUESTRA COMUNIDAD DE FACEBOOK Y HABLAS DE TU CAMINO ESPIRITUAL CON PERSONAS AFINES?

¡Nos encantaría saber de ti!

Ve a este enlace para unirte a la comunidad de "Ascending Vibrations":

bit.ly/ascendingvibrations